Ackermann kocht

LEENDERS/BAY/LEENDERS

Ackermann kocht

MÖRDERISCHE REZEPTE
VOM TRIO CRIMINALE

MERCATOR-VERLAG

Soweit nicht anders angegeben, beziehen sich die Rezeptangaben immer auf eine Zubereitung für vier Personen.

Bildnachweis

Guiseppe Arcimboldo Seiten 33, 106
Wilhelm Busch Seiten 82, 109
Rüdiger Dehnen, Umschlag Rückseite
Vincent van Gogh Seite 46
Holger Heisterkamp Seite 55
Günni Hendricks, Titelseite, Seiten 12, 17, 20, 21, 22, 23, 27, 29, 41, 42, 43, 45, 48, 50, 52, 53, 56, 60, 61, 64, 65, 67, 68, 70, 71, 72*, 74, 76, 78, 79, 84**, 85, 87, 88, 90, 91, 92, 93, 95, 98, 99, 101, 102, 104, 111, 112, 113, 115, 119, 121, 122, 123, 126, 127
Katharina Seiten 117, 125
Pixelio Vorsatz, Seiten 57, 81
Supraphoto Seite 59
Susy Pilgrim Waters Seiten 21, 25, 37, 44, 51, 66, 75, 121

* Mehr zu Rainer Bonks „Blauschäferei" unter www.blaue-schafe.de
** Bemalte Geweihe, Äste, Wurzeln etc.: Almut Lüthke-Elbers, Kleve, almut2006@online.de

Bibliografische Information der Deutschen Bibliothek
Die Deutsche Bibliothek verzeichnet diese Publikation in der Deutschen Nationalbibliografie; detaillierte bibliografische Daten sind im Internet über http://dnb.ddb.de abrufbar.

Gestaltung: Günni Hendricks, Kleve

Verlag Fachtechnik + Mercator-Verlag, Duisburg
www.mercator-verlag.de
Druck: Druckhaus Cramer, Greven
ISBN 978-3-87463-416-8

Inhalt

Für Paul
Geboren am 23. April 2006

Von:

Jupp Ackermann

Guusje

Helmut Toppe

Astrid Steendijk

Katharina

Klaus van Gemmern

Arend Bouhuijzen

Peter Cox

Penny Small

Hinrichs

Walther

Bonnie Schnittger

Die Köchinnen und Köche:

Jupp Ackermann, der eigentlich Kommissar im Betrugsdezernat ist, aber immer wieder gern bei der Mordkommission aushilft. Er ist verheiratet mit
Guusje, einer Holländerin, mit der er drei erwachsene Töchter hat.
Helmut Toppe, Chef der Klever Kripo. Er lebt seit vielen Jahren mit seiner Kollegin
Astrid Steendijk zusammen. Sie haben eine Tochter,
Katharina, und wohnen auf einem alten Rittergut, zusammen mit
Arend Bonhoeffer, dem Pathologen vom Emmericher Krankenhaus, und dessen Partnerin.
Peter Cox, Kommissar im Klever KK 11. Er hat sich im Laufe der Ermittlungen zu einem Bombenattentat an der Schwanenburg in eine englische Kollegin,
Penny Small, verliebt, die noch in Worcester lebt, aber schon ihren Umzug nach Kleve plant.
Klaus van Gemmern, Chef der Spurensicherung, ein Einzelgänger, über dessen Privatleben niemand etwas weiß.
Walter Heinrichs, ein von allen geschätzter Kollege, der schon pensioniert ist, aber manchmal noch bei Hintergrundrecherchen seine Hilfe anbietet.
Bernie Schnittges, ein Kommissar aus Krefeld, dem es in Kleve besonders gut gefällt.

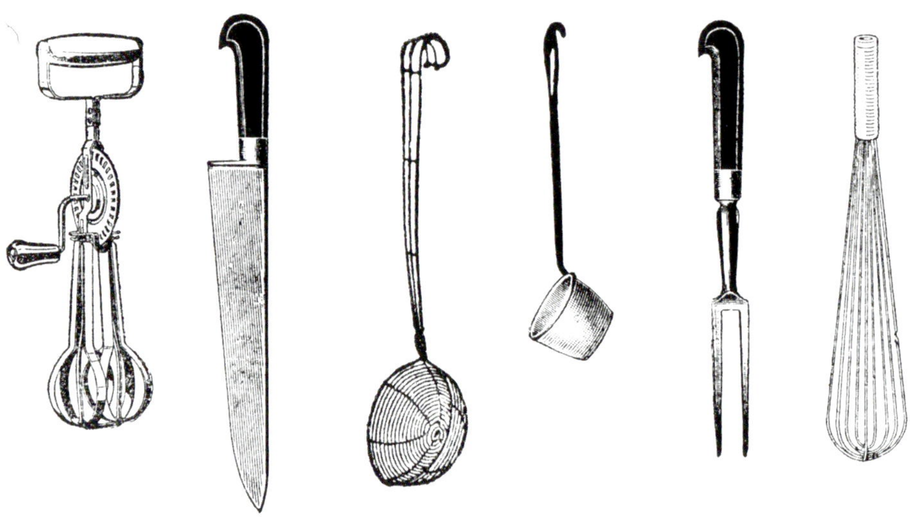

„Verehrter Herr Chef!“ Astrid deutete schmunzelnd eine Verbeugung an. „Mein Abschlussbericht ist fertig und mit Ihrer werten Erlaubnis würde ich mich dann wohl in den wohlverdienten Urlaub verabschieden und meine Überstunden abfeiern.“

Toppe grinste sie über den Schreibtisch hinweg an und lockte mit dem Zeigefinger.

„Nicht ohne Kuss.“

Sie lachte leise, kam zu ihm, setzte sich auf seinen Schoß und vergrub ihr Gesicht an seiner Halsbeuge. „Gott, bin ich froh, dass wir diesen Horror hinter uns haben!“

Am Ostersonntag hatte ein Bombenattentat an der Schwanenburg die Stadt schwer erschüttert. Unter anderem waren auch zwei Freunde von Astrid ums Leben gekommen und etliche andere Menschen schwer verletzt worden. Vorgestern hatten sie den Täter endlich in einem nervenzerfetzenden Wettlauf gegen die Zeit gefasst, nur Sekunden, bevor er einen weiteren Mord begehen konnte.

„Und ich erst“, murmelte Toppe in ihr Haar. Sie küsste ihn sanft und reckte sich dann. „Freizeit! Ich hab’s noch nicht so genau ausgerechnet, aber ich glaube, da ist einiges zusammengekommen, sicher fünf, sechs Tage, oder?“

Seit sie Mutter geworden war, hatte Astrid nur noch eine Halbtagsstelle bei der Kripo, aber in den letzten Wochen war sie, wie jeder in der ‚Soko Schwanenburg‘, beinahe rund um die Uhr im Einsatz gewesen.

„Neuneinhalb Tage“, antwortete Toppe.

„Super!“, freute sie sich, runzelte dann aber die Stirn. „Du siehst schrecklich müde aus. Wann machst du denn Schluss für heute?“

Er ließ den Blick über den Papierwust auf seinem Schreibtisch schweifen. „Weiß der Teufel.“

„Das läuft doch nicht weg“, drängte sie.

„Ein paar Dinge lassen sich nicht aufschieben“, entgegnete er, „besonders dies hier nicht.“ Er hielt ihr einen Zettel hin. „Die Telefonliste, die ich heute auf alle Fälle noch abarbeiten muss, fängt beim Landrat an und hört beim Innenminister auf.“

Astrid seufzte und erhob sich. „Na gut. Sofia hat eben angerufen. Sie und Arend haben unsere Tochter wohlbehalten aus Holland wiedergebracht. Ich hole Katharina jetzt ab und fahre mit ihr zu Ulli und Norbert – Baby gucken.“

Ihr gemeinsamer langjähriger Kollege Norbert van Appeldorn war in seinem reifen Alter noch einmal Vater geworden.

„Paul“, meinte Astrid versonnen, „ein schöner Name…“

Toppe rümpfte die Nase. „Ich weiß nicht, ein bisschen altbacken, oder?“

Sie lachte. „Ach was, ich finde, er klingt nett. Man munkelt übrigens, dass Ulli und Norbert ein Riesenfest geben wollen, zu dem auch alle Kollegen eingeladen werden. Denk schon mal über ein Geschenk nach.“

Er schüttelte den Kopf. „Ausgerechnet ich!“

PAUL

Sie umfasste sein Gesicht und küsste ihn noch einmal. „Ich fahr dann mal los, und auf dem Rückweg komme ich mit Katharina noch einmal vorbei. Wär doch gelacht, wenn wir dich dann hier nicht loseisen könnten."

Toppe legte den Hörer auf und hatte gerade beschlossen, dass dieses Telefonat für heute das letzte gewesen sein sollte, als die Tür aufgestoßen wurde und sein Kollege Jupp Ackermann hereinpolterte.
„Hab ich et mir doch gedacht. Du kriegst auch nie 'n End", schimpfte er.
„Selbs' mit 'm Kopp unterm Arm ... Guck doch ma' innen Spiegel!"
Toppe hob beschwichtigend die Hände.
„Ich stör doch nich', oder?" Ackermann ließ sich auf den Besucherstuhl fallen. „Deine zwei Grazien sind übrigens im Anmarsch, hab se grad auf'n Parkplatz rollen sehen. Also, wenn ich du wär', würd' ich jetzt ma' ganz fix meinen Rummel zusammenpacken un' den Abflug vorbereiten."
Da ging auch schon die Tür auf, und Katharina stürmte herein. „Papa!"
Doch dann entdeckte sie Ackermann und lief jubelnd zu ihm: „Jupp!"
Ackermann sprang auf. „Komm her, Süße!" Er hob sie hoch und wirbelte sie im Kreis herum.
Astrid stöhnte. „Dreh mir doch das Kind nicht so auf, Jupp. Sie sollte eigentlich längst im Bett liegen."
„Jetz' hab dich nich' so, alte Glucke." Ackermann setzte das Mädchen ab. „Du bis' doch kein Baby mehr, watt, Katta?"
„Nee." Katharina machte große Augen. „Aber wir haben gerade ein Baby gesehen, den Paul. Der ist vielleicht süß, Papa." Sie kletterte auf Toppes Schoß und von dort aus auf den Schreibtisch, wo sie sich im Schneidersitz mitten zwischen den Papieren niederließ.
„Der hat ganz viele schwarze Haare und ganz, ganz winzige Finger", schwärmte sie.
„Er ist wirklich zum Klauen", sagte Astrid. „Sieht aus wie ein kleiner Kobold."
„Und er hat geweint", fuhr Katharina fort, „aber Ulli hat gesagt, das macht er nur, weil er Hunger hat."
„Ja, so is' dat mit de Babys. Die können ja noch nix sagen, müssen se eben brüllen", erklärte Ackermann. „So, un' jetzt hältst du ma' ebkes die Schnüss, ich muss wat mit Mama un' Papa besprechen."
„Okay", meinte Katharina gutwillig.
„Ich muss sagen, mir geht der Arsch 'n bissken auf Grundeis, wenn ich hör, wat unser lieber Norbert vorhat." Ackermann drehte sich eine Zigarette. „Ich mein', dat arme Kind, von Ulli ma' ganz zu schweigen."
Er schaute in fragende Gesichter. „Ach, ihr wisst dat noch gar nich'? Ich mein, man hätt et sich schon denken können bei dem Bohei, den der schon inne Schwangerschaft gemacht hat.

Also, die Ulli will direkt wieder arbeiten gehen. Se hat irgend 'ne Drittelstelle, oder so, un' se kann den Kleinen mit auffe Arbeit nehmen. Un' Freund Norbert meint jetzt, dat er sich dann – wie hat er 't noch so schön gesagt – mehr im Haushalt einbringen sollte. Er will vor allem dat Kochen übernehmen. Dat Kochen! Ich mein, hat einer von euch schon ma' versucht, wat runterzuwürgen, wat Norbert sich zusammengebrutschelt hat? Ich wohl, un' ich sag euch, dat war 'n bleibendes Erlebnis. Der schafft et sogar, Miracoli zu versauen. Ich frag mich echt, wie wat aus dem Paul werden soll. Un' wat is' mit Ulli? Die fällt doch total vom Fleisch, un' da war ja eigentlich noch nie viel."

Toppe musste lachen. „Du hast Sorgen!"

„Reine Nächstenliebe." Auch Ackermann lachte und zündete sich seine Zigarette an. „Aber dat Norbert seinen Stammhalter so richtig pinkeln lassen will, dat habt er aber schon gehört, oder nich'?"

„Ja", antwortete Astrid. „Weißt du schon das Datum?"

„In drei Wochen, glaub ich. Für dat Geschenk könnten wir doch alle zusammenschmeißen, oder wat meint ihr?"

„Vielleicht sollten wir ihnen ein Kochbuch schenken", schlug Toppe vor.

„Na ja, ich weiß nicht", meinte Astrid zögernd.

„Dat Kochbuch für Norbert muss erst noch geschrieben werden", schnaubte Ackermann. „Der kann gar nix." Aber dann schlug er sich gegen die Stirn und strahlte auf einmal übers ganze Gesicht. „Genau, dat is' et doch! Wir machen dem zusammen ein eigenet Kochbuch. Mit ganz simple Rezepte."

„Keine schlechte Idee", nickte Astrid.

Auch Toppe, der gern kochte, war davon angetan. „Da fallen mir auf Anhieb eine ganze Reihe einfacher Sachen ein."

„Genau dat stell ich mir vor", rief Ackermann aufgeregt. „Jeder von uns, alle Kollegen, schreiben ihre Lieblingsrezepte auf."

„Und ich könnte sie abtippen und dann irgendwo binden lassen", bot Astrid an.

„Ich hab ja jetzt Zeit."

„Un' ich könnt dir dabei helfen", sagte Ackermann.

„Meine Jüngste leiht mir bestimmt ihren Laptop. Nach Feierabend hab ich genug Zeit. Guusje is' sowieso die nächsten vierzehn Tage bei ihre Nichte in Groningen. Die hat nämlich Zwillinge gekriegt."

„Guusje?", fragte Astrid erstaunt, und zu ihrer Verblüffung wurde Ackermann rot.

„Ich weiß, ich hab se mein Lebtag ‚Mutti' genannt, aber auf einma' hört se dat nich' mehr gern. Ich kann et auch nich' sagen, vielleicht liegt et daran, dat se jetzt auch bald fuffzig wird."

Toppe stand auf und nahm Katharina, die im Sitzen schon fast eingeschlafen war, auf den Arm. „Viel Zeit bleibt uns nicht für unser Projekt", meinte er leise. „Wir sollten uns gleich an die Arbeit machen."

„Ich schick 'ne Rundmail an alle Kollegen", sagte Ackermann. „Un' dann fahr ich nach Hause un' such schon ma' meine besten Rezepte raus. Un' die von Guusje natürlich, holländische Hausmannskost, auch wat Feines."

GEWÜRZ
KAFFE

isch & saucen
Konzentriert auf den Geschmack
Auch in Sachen Saucen sind Thailands Köche Meister. Entscheidend für sie ist dabei nicht die Menge der Sauce, sondern die Intensität des Aromas. Basis für solch konzentrierten Geschmack sind besonders würzige Zutaten
18

Vorspeisen

„Carpaccio, alle Achtung“, schmunzelte Astrid. „Ich hätte nicht gedacht, dass du auch so feine Gerichte machst.“

Ackermann lachte auf. „Eigentlich steh ich auch mehr auf so handfeste Sachen, aber dat hier is’ echt lecker un’ so leicht, dat et sogar Norbert schaffen müsst’. Hab ich irgendwann ma’ aus ’ner Frauenzeitschrift abgeschrieben.“

„Ach, hör auf, du und Frauenzeitschriften!“

„Doch klar, dat bleibt doch gar nich’ aus, wenn de mit vier Weiber unterm Dach lebst. Un’ schadet auch nix für de Geschlechterverständigung, glaub et mir. Aber hör ma’, meinst du nich’, dat auch ’n paar bunte Bildkes in unser Buch gehören?

So sieht et mir ’n bissken öde aus. Ich könnt ma’ meine Joke fragen, die kann ganz gut malen.“

„Gute Idee“, sagte Astrid. „Vielleicht können wir ja auch Fotos aus deinen Frauenzeitschriften ausschneiden und Collagen daraus kleben. Das kann ich ganz gut.“

„Stimmt ja, du has’ ja früher irgendwann ma’ Goldschmied gelernt. So is’ et mir jedenfalls, wie man so schön sagt, kolportiert worden. Da musst du ja ’ne künstlerische Ader haben.“

Carpaccio vom Rinder-Tartar

3 Personen

150 g Tartar, Salz, grober Pfeffer, 1/2 Bd. Rauke, Saft von einer 1/2 Zitrone, 3 EL Olivenöl, Parmesan.

Tartar portionsweise auf drei Tellern mit einer Gabel flachdrücken, mit Salz und Pfeffer würzen. Rauke waschen, trockentupfen und auf dem Tartar verteilen. Alles mit Zitronensaft und Olivenöl beträufeln und mit frisch gehobeltem Parmesan bestreuen. Sofort servieren.

Gorgonzola-Terrine

150 g Joghurtbutter, 500 g Gorgonzola, 150 g blaue Trauben, 50 g Walnüsse, 2 Birnen, Körnerbrot.

Die weiche Butter in der Küchenmaschine vier Minuten verquirlen. Gorgonzola in Stücken dazugeben und mit den Knethaken zu einer geschmeidigen Masse vermengen. Trauben entkernen und die Walnüsse grob hacken. Beides vorsichtig unter die Käsemasse heben. Eine Terrinenform (800 Milliliter) mit Klarsichtfolie auslegen und die Masse einfüllen. Abdecken und vier Stunden im Kühlschrank fest werden lassen. Dann stürzen und mit einem in heißes Wasser getauchten Messer in Scheiben schneiden.

Auf Tellern mit blauen und weißen Trauben, Birnenscheiben und dünn geschnittenem, geröstetem Körnerbrot anrichten.

Rote Beete-Teller

500 g Rote Beete (vorgekocht), 250 g Krabben (geschält), 250 g Schafskäse, 1 Knoblauchzehe, je etwas frische Pfefferminze, Thymian und Rosmarin, Olivenöl.

Die Rote Beete in dünne Scheiben schneiden und auf Tellern anrichten. Die Krabben mit der gehackten Knoblauchzehe in Olivenöl braten und über die Rote Beete geben. Den Schafskäse zerbröckeln, die Kräuter fein hacken und alles auf den Tellern verteilen.

2 Auberginen, 250 g Schafskäse, Parmaschinken, Salz, Pfeffer, Paprikapulver, grüne Oliven, Öl.

Auberginenröllchen

Die Auberginen längs in dünne Scheiben schneiden, von beiden Seiten in Öl braten und auf Küchenpapier abtropfen lassen. Den Schafskäse in Stifte schneiden und mit Salz, Pfeffer und Paprika würzen. Den Schafskäse in die Auberginenscheiben einrollen und die Röllchen mit je einer Scheibe Schinken umwickeln. In der Pfanne kurz Farbe annehmen lassen, mit kleingeschnittenen Oliven bestreuen und heiß servieren.

Tapenade (Olivenpaste)

150 g schwarze Oliven ohne Stein, 2 – 3 eingelegte Sardellenfilets, 1 getrocknete Chilischote, 4 – 6 Knoblauchzehen, je 1 TL frischer (oder 1/2 TL getrockneter) Rosmarin und Thymian, 1 EL Kapern, 6 Blättchen Salbei, 1 TL Zitronensaft, ca. 100 ml Olivenöl, Salz, Pfeffer.

Die Sardellenfilets abwaschen, trocknen und kleinschneiden, die Chilischote entkernen. Beides zusammen mit den Oliven, allen Kräutern, dem Knoblauch und den Kapern mit dem Stab oder im Mixer fein pürieren. Nach und nach soviel Olivenöl hinzufügen, bis eine sämige Paste entsteht. Mit Zitronensaft, Salz und Pfeffer abschmecken.
Mit gerösteten Baguette- oder Ciabattascheiben servieren.

olives
olives

Jüppkes (Fluxus-Schnittchen)

Schwarzbrot, Weißbrot, Pumpernickeltaler, Panhas (gebraten oder auch ungebraten), Blutwurst, Bierwurst, Salami, Käse (verschiedene Sorten), Butter, Schmalz, Senf, Crema di Balsamico, Schokolade (z.B. Streusel), Honig.

Das Schwarzbrot in mundgerechte Häppchen schneiden. Weißbrot kurz antoasten und dann zurechtschneiden. Pumpernickeltaler, Schwarz- und Weißbrotstücke nach Belieben belegen oder bestreichen. Ihrer Fantasie sind keine Grenzen gesetzt. Denn … Kunst schmeckt.

Hähnchenlebercreme

200 g frische Hähnchenleber, 1 Stange Staudensellerie,
1 Möhre, ca. 1/2 Bd. glatte Petersilie,
1/2 unbehandelte Zitrone (Saft und Schale),
125 ml Rotwein, 2 EL Tomatenmark, 1 EL Kapern,
1 kl. Zwiebel, 2 EL Öl, 2 EL Butter,
1 Lorbeerblatt, 1/2 TL Wacholderbeeren, Salz, Pfeffer.

Hähchenleber putzen, kleinschneiden und zusammen mit dem Rotwein, dem Lorbeerblatt und den Wacholderbeeren über Nacht durchziehen lassen. Zwiebel, Sellerie und Möhre sehr fein hacken. In der Pfanne Öl erhitzen, die Butter darin schmelzen und das Gemüse darin andünsten. Die Leber aus der Marinade nehmen, abtropfen lassen, zum Gemüse in die Pfanne geben und kurz Farbe nehmen lassen. Tomatenmark und den durch ein Sieb gegossenen Sud hinzufügen und alles zehn Minuten lang köcheln lassen. Mit Salz, Pfeffer, der abgeriebenen Zitronenschale, dem -saft und der feingehackten Petersilie würzen. Die Masse abkühlen lassen und dann zusammen mit den Kapern fein pürieren. Einen Esslöffel weiche Butter untermischen und noch einmal abschmecken.
Dazu: Geröstetes Brot.

Suppen

Arend Bonhoeffer sah Astrid und Ackermann am Küchentisch über irgendwelchen Papieren brüten. Er hatte einen schweren Tag gehabt; besonders die Obduktion der Leiche eines kleinen Mädchens hatte ihn mitgenommen, und am liebsten hätte er sich mit einem Glas Wein in sein Zimmer zurückgezogen und mit keinem mehr geredet. Das Problem war nur, dass der Wein, ein wunderbarer französischer Rosé, im Kühlschrank stand.
Er gab sich einen Ruck. „'n Abend ihr beiden. Lasst euch nicht stören, ich hole mir nur schnell meinen Wein."
„Du kommst gerade recht." Astrid freute sich. „Wir machen ein Kochbuch für Norbert, und ich möchte gern das Rezept für deine wunderbare Fischsuppe mit hineinnehmen. Kannst du mir das kurz raussuchen?"
„Tut mir leid." Bonhoeffer nahm die Weinflasche aus dem Kühlschrank und goss sich ein Glas ein. „Es gibt kein Rezept, die koche ich immer frei Hand."
Astrid merkte, dass mit ihm etwas nicht stimmte. „Meinst du, du könntest es mir wohl kurz diktieren?", fragte sie vorsichtig.
Bonhoeffer trank einen großen Schluck Wein und seufzte leise. „Weil du's bist. Also, pass auf..."

Fischsuppe

2 Möhren, 1 Stange Porree, 2 mittelgroße Zwiebeln, 6 EL Olivenöl, 3 Gläser Fischfond à 400 ml, 1/8 l trockener Weißwein, 1 TL Pastis, 1 Lorbeerblatt, 5 bis 10 Fäden Safran, 1 Orange (unbehandelt), Salz, Pfeffer, 1 Baguette, 2 Knoblauchzehen, 800 g Fischfilets (z.B. Rotbarsch, Kabeljau, Lachs, aber auch Scampi oder Tintenfisch).

Möhren, Porree, Zwiebeln und Knoblauch putzen, schälen und in kleine Würfel schneiden.
Die Gemüsewürfel in einem Topf in heißem Olivenöl unter Rühren etwa zehn Minuten dünsten. Fischfond und Weißwein dazugießen, Pastis, Lorbeerblatt und Safran zugeben. Von der Orange ein Stück Schale, etwa zwei mal vier Zentimeter groß, dünn abschälen und zur Suppe geben. Alles ohne Deckel eine halbe Stunde köcheln lassen, dann mit Salz und Pfeffer abschmecken.
Inzwischen den Backofen auf 100 Grad vorheizen und darin das in Scheiben geschnittene Baguette leicht anrösten.
Die Brotscheiben mit halbierten Knoblauchzehen einreiben.
Das Fischfilet in drei mal drei Zentimeter große Würfel schneiden, in die Suppe geben und nur vier Minuten ziehen lassen.
Je eine Scheibe Knoblauchbrot in die Suppenteller legen und mit der Fischsuppe auffüllen.
Dazu passt: Aioli auf geröstetem Brot.

Feine Möhren-Kartoffel-Suppe

500 g Möhren, 375 g Kartoffeln, 1 Zwiebel, 2 EL Butter, 3/4 l Gemüsebrühe, 100 ml Schlagsahne, Salz, Pfeffer, 50 g Walnusskerne, 1/2 Bd. Schnittlauch, 100 ml trockener Sekt.

Möhren und Kartoffeln schälen, in Stücke schneiden und in heißer Butter andünsten. Brühe zugießen und bei mittlerer Hitze etwa 20 Minuten kochen. Sahne zugießen. Gemüse in der Brühe pürieren und mit Salz und Pfeffer abschmecken. Walnüsse grob hacken, Schnittlauch in breite Röllchen schneiden. Vor dem Servieren Sekt zugießen. Nüsse und Schnittlauch über die Suppe streuen.

Hähnchen-Currysuppe

300 g Hähnchenbrustfilet, 2 EL Öl, 2 EL Curry-pulver, 2 TL Kurkuma, 1 EL Mehl, 400 ml Gemüsebrühe, 200 ml Weißwein, 1 Bd. Frühlingszwiebeln, 2 Knoblauchzehen, 150 g Crème fraîche, 2 EL Zitronensaft, Salz, Pfeffer, 1 TL Zucker, 1 TL Chiliflocken.

Fleisch in Streifen schneiden und im heißen Öl rundherum braun anbraten. Curry, Kurkuma und Mehl darüber streuen und kurz anschwitzen. Mit Brühe und Wein ablöschen und 15 Minuten bei milder Hitze kochen lassen. Frühlingszwiebeln putzen, das Weiße und Hellgrüne in zwei Zentimeter lange Streifen schneiden, zur Suppe geben. Knoblauch dazupressen, Crème fraîche unterrühren, alles fünf Minuten leise kochen lassen. Mit Zitronensaft, Salz, Pfeffer und Zucker würzen. Mit Chiliflocken bestreut servieren.

Pilzsuppe

250 g braune Champignons, 2 vollreife Fleischtomaten, 2 Stangen Staudensellerie, 1 EL frische Thymianblättchen, 1 Bd. Schnittlauch, 50 g Parmesan, 8 Scheiben Baguette, 1 Zwiebel, 1 Knoblauchzehe, 1 l Fleischbrühe, 4 EL Öl, Salz, Pfeffer.

Die Pilze in feine Scheiben schneiden, die Tomaten hacken. Sellerie, Zwiebel und Knoblauch in ganz feine Würfel schneiden und in Öl andünsten, mit der Brühe auffüllen und Tomaten, einen halben Esslöffel Thymian, Salz und Pfeffer hinzufügen.
20 Minuten leise köcheln lassen. Anschließend die Pilze dazugeben und zehn Minuten weitergaren. Die Baguettescheiben auf vier Teller verteilen, mit Suppe auffüllen und dann mit Schnittlauch, dem restlichen Thymian und Parmesan bestreuen.

basil
Onion
Shitake
Light cream
Porcini
Crimini
Shallots
garlic

Herzhafte Gemüsesuppe

200 g Cabanossi (oder geräucherte Mettwurst), 2 Knoblauchzehen, 1 Stange Porree, 300 g Wirsing, 1 gelbe Paprikaschote, 1 Zucchino, 4 EL Olivenöl, 1 Glas weiße Bohnen (250 g Abtropfgewicht), 1 große Dose Tomaten, 1/2 l Gemüsebrühe, Salz, Pfeffer, Parmesan.

Die Wurst in Scheiben schneiden, Knoblauch hacken, das Gemüse putzen und kleinschneiden.
Wurst und Knoblauch im heißen Öl anbraten. Porree und Wirsing hinzufügen und kurz mitbraten. Das restliche Gemüse dazugeben und unter Rühren ein bis zwei Minuten dünsten. Die Bohnen auf einem Sieb abspülen.
Tomaten zerkleinern und zusammen mit der Tomatenflüssigkeit, der Brühe und den Bohnen zum Gemüse geben. Etwa 15 Minuten bei mittlerer Hitze kochen.
Auf dem Teller mit geriebenem Parmesan bestreuen.

Salate

„Huzarensla“, schwärmte Ackermann. „Wenn meine Guusje den macht, ein Gedicht! Da kann sich aber jeder deutsche Kartoffelsalat hinter verstecken.“
„Hast du sie wirklich immer ‚Mutti‘ genannt?“, fragte Astrid neugierig. „Ich meine – immer?“
„Ja, sicher, immer, hatte sich so eingebürgert“, antwortete Ackermann und stutzte dann. „Wat guckst du denn so komisch? Ach, jetzt versteh ich et. Du meinst in de intimere Momente.“ Er lachte laut. „Nä, da nenn ich se ganz anders, aber dat werd ich dir Grünschnabel bestimmt nich’ auf de Nase binden. Würdest de nur rote Ohren von kriegen.“

Wintersalat

250 g Rauke, 250 g Radicchio, 1 Eichblattsalat, 50 g Feldsalat, 150 g Roquefort, 1 Apfel, Saft von 1 Grapefruit, 2 TL körniger Senf, Salz, Pfeffer, 6 – 8 EL Olivenöl.

Salate putzen, waschen, trockenschleudern, grob zerpflücken und in eine große Schüssel geben. Den Roquefort fein darüber zerbröckeln. Den Apfel schälen, entkernen, in Stifte schneiden und über den Salat geben.
Für die Sauce Grapefruitsaft, Senf, Salz und Pfeffer verrühren und das Olivenöl darunter schlagen. Über den Salat gießen und mischen.

Holländischer Kartoffelsalat (Huzarensla)

500 g Kartoffeln, 4 Eier, 500 g Schweinebraten (fertiger Aufschnitt am Stück), 200 g Leerdammer, 5 Gewürzgurken, 3 Äpfel, 4 EL eingelegte Perlzwiebeln, 4 EL Öl, 4 EL Essig, Salz, Pfeffer, Zucker, 100 g Mayonnaise.

Kartoffeln in der Schale 25 Minuten kochen, pellen und mit der Gabel grob zerdrücken. Die Eier hart kochen. Alle Zutaten in ein Zentimeter große Würfel schneiden und mischen. Aus Essig, Öl, Mayonnaise, Salz, Zucker und Pfeffer eine Marinade rühren und über die Salatzutaten gießen.
Mehrere Stunden durchziehen lassen, zwischendurch abschmecken und eventuell Gewürzgurkenflüssigkeit und Essig und Salz in heißem Wasser aufgelöst hinzufügen.

Zucchini-Salat

500 g Zucchini, 6 EL Olivenöl, 1 Zwiebel,
2 Knoblauchzehen, 1 Zitrone, Salz, Pfeffer.

Zucchini waschen und in dünne Scheiben schneiden. Nacheinander in Öl von beiden Seiten goldgelb braten. Aus der Pfanne nehmen und beiseite stellen. Gewürfelte Zwiebel und gehackten Knoblauch im selben Fett glasig dünsten. Auf den Zucchini verteilen. Zitronensaft, Salz und Pfeffer in das heiße Bratfett geben und über die warmen Zucchini gießen.
Lauwarm servieren.

200 g Garnelen, 2 rote Chilischoten, 4 Knoblauchzehen, Saft von 2 Zitronen, 6 EL Olivenöl, 1 Bd. Petersilie, 200 g Rauke, 2 kleine Zucchini, 1 große Papaya, 2 EL Balsamico, Senf, Salz, Pfeffer, Zucker.

Raukesalat mit Garnelen

Garnelen waschen, mit Küchenpapier trockentupfen und in eine Schüssel geben. Die Chilischoten längs halbieren, entkernen, waschen und in feine Streifen schneiden. Knoblauch schälen und pressen. Beides mit dem Zitronensaft und zwei Esslöffel Öl zu den Garnelen geben, verrühren und ca. 30 Minuten darin marinieren. Petersilie waschen, trockenschütteln, die Blätter von den Stielen zupfen und in feine Streifen schneiden. Eine Pfanne ohne Fett erhitzen und die Garnelen samt Marinade darin kurz anbraten. Zum Schluss die Petersilie untermischen und die Pfanne zur Seite stellen. Rauke putzen, waschen, trockenschütteln und grobe Stiele entfernen. Zucchini waschen und in dünne Scheiben schneiden. Die Papaya halbieren, entkernen und schälen, das Fruchtfleisch in Würfel schneiden.
Für die Vinaigrette den Essig mit dem Senf, Salz, Pfeffer und zwei Prisen Zucker verrühren und das restliche Öl unterschlagen. Rauke und Zucchini mit der Vinaigrette vermischen und den Salat mit den Garnelen und der gewürfelten Papaya anrichten.

1 kg Kartoffeln, 150 g durchwachsener Räucherspeck in Würfeln, 1 große Zwiebel, 1/4 l Gemüsebrühe, 6 EL Weißweinessig, Salz, Pfeffer, 1 Bd. Radieschen, 2 Frühlingszwiebeln, 4 EL Öl, 1 TL süßer Senf.

Die Kartoffeln in der Schale 25 – 30 Minuten kochen. Den Speck in einer beschichteten Pfanne bei schwacher Hitze ausbraten. Inzwischen die Zwiebel schälen und würfeln, dazugeben und weich dünsten. Die Kartoffeln pellen, in Scheiben schneiden und in eine Schüssel geben. Die Gemüsebrühe mit der Hälfte des Essigs aufkochen und heiß über die Kartoffeln gießen, mit Salz und

Deftiger Kartoffelsalat

Pfeffer würzen. Die heiße Speck-Zwiebel-Mischung dazugeben, vorsichtig mischen und 30 Minuten durchziehen lassen. Inzwischen die Radieschen putzen, waschen, trockentupfen und in Achtel schneiden. Die Frühlingszwiebeln putzen, waschen und in feine Ringe schneiden. Den restlichen Essig mit dem Öl und dem Senf mit einem Schneebesen gut durchschlagen, bis eine cremige Sauce entstanden ist. Falls nötig, noch etwas Öl dazugeben. Die Sauce über den Kartoffelsalat gießen, die Radieschen und die Frühlingszwiebel dazugeben. Den Salat durchmischen und abschmecken.

Der Salat passt gut zu gegrilltem Fleisch, zu Würsten und zu Leberkäse.

Pasta

Astrid bewegte ihre verspannten Schultern. „Ich hatte keine Ahnung, wie anstrengend das ist, Rezepte zu tippen.“

„Dat kannste wohl laut sagen“, stimmte ihr Ackermann zu. „Da wird man bekloppt von, immer biste genau am hingucken, damit nix inne falsche Zeile rutscht. Wie viele sollen et eigentlich insgesamt werden?“

„Ich denke, so um die fünfzig. Was meinst du?“

„Die kriegen wir ja schon mit unseren eigenen zusammen. Wir müssen bloß gucken, dat wir die so eingermaßen gleich auf die Kapitel verteilt kriegen.“ Es klingelte.

„Wer kann das denn jetzt noch sein?“, wunderte sich Astrid. „Es ist schon gleich elf.“

Es war Peter Cox. „Ich habe mir gedacht, dass ihr noch bei der Arbeit seid.“ Er druckste ein wenig herum. „Ich bin, weiß Gott, kein großer Koch. Bis vor kurzem konnte ich nur das eine Gericht, das du mir beigebracht hast, Astrid, damals, als Irina kam, Pasta mit Lachs.“

Ackermann blinzelte ihn über seine Brille hinweg an. „War dat die heiße Braut aus Sibirien, die du über ’t Netz gefunden hast? Wie hat Norbert se immer genannt? Dein Cyberbaby!“

„Ich will nicht darüber sprechen“, antwortete Cox, aber er grinste dabei und gab Astrid einen Zettel. „Hier, so etwas Ähnliches habe ich neulich mal in einem Restaurant gegessen und dann hab ich es nachgemacht. Einen kleinen Beitrag möchte ich schließlich auch leisten.“

Ackermann grapschte sich das Stück Papier. „Pasta mit getrockneten Tomaten“, las er. „Hört sich auf den ersten Blick gar nich’ ma’ so schlecht an.“

„Schmeckt auch wirklich gut“, nickte Cox.

Astrid nahm einen Becher aus dem Regal. „Möchtest du auch einen Tee?“

Peter Cox schüttelte entschieden den Kopf. „Um Himmels Willen, wenn ich um diese Uhrzeit noch Tee trinke, kann ich die halbe Nacht nicht schlafen. Ich bin auch schon wieder weg, ihr wollt sicher auch bald Schluss machen. Ich habe übrigens Penny von unserem Kochbuch erzählt und ihr deine Mailadresse gegeben. Sie schickt dir ein paar Rezepte zu.“

„Nix für ungut“, meinte Ackermann vorsichtig, als Cox gegangen war, „aber ich find’, wir sollten dat besser ers’ ma’ ausprobieren, bevor wir ’t in ’t Buch nehmen. Wat hälts’ du davon, Astrid, wenn ich alle Zutaten besorg’ un’ dat morgen für uns alle hier koch’? Dann kann Helmut, der uns die ganzen Tage so nett bedient hat, auch ma’ die Füße hochlegen.“

150 g Rinderfilet, 75 g geräucherter Bauchspeck,
2 Zwiebeln, 1 Möhre, 3 Stangen Staudensellerie,
75 g Butter, 3 Nelken, Salz, Pfeffer, 1 geh. EL Mehl,
200 ml Brühe, 200 ml Weißwein, 500 g Spaghetti,
1 EL Öl, 100 g Hühnerleber, geriebener Parmesan.

Echte Bologneser Sauce

Fleisch und Speck würfeln oder durch den Fleischwolf drehen. Zwiebeln, Möhre und Staudensellerie putzen und sehr klein würfeln. Alle vorbereiteten Zutaten mit Butter, Nelken, Salz und Pfeffer in eine Pfanne geben und in zehn Minuten gut bräunen. Mehl überstäuben und anschwitzen. Mit Brühe und Wein ablöschen und zehn Minuten leise köcheln.

Inzwischen die Spaghetti nach Packungsanweisung kochen.

Leber putzen und kleinschneiden, in der Sauce drei Minuten garen, noch einmal abschmecken. Spaghetti angießen, abgetropft in einer vorgewärmten Schüssel anrichten. Sauce getrennt servieren. Käse zum Würzen bereitstellen.

Pasta mit getrockneten Tomaten

Kräuter grob hacken, Knoblauch fein hacken, Chilischote längs halbieren, die Kerne entfernen und sehr fein hacken. Kräuter, Knoblauch und Chili mit dem Olivenöl in einer weiten Schüssel mischen und ziehen lassen.
Spaghettini nach Packungsanleitung kochen. Tomaten abtropfen lassen und in feine Streifen schneiden. Pinienkerne in einer trockenen Pfanne rösten. Nudeln abgießen, in der Schüssel mit der Marinade mischen und Tomaten und Pinienkerne unterheben.
Auf dem Teller mit Parmesan bestreuen.

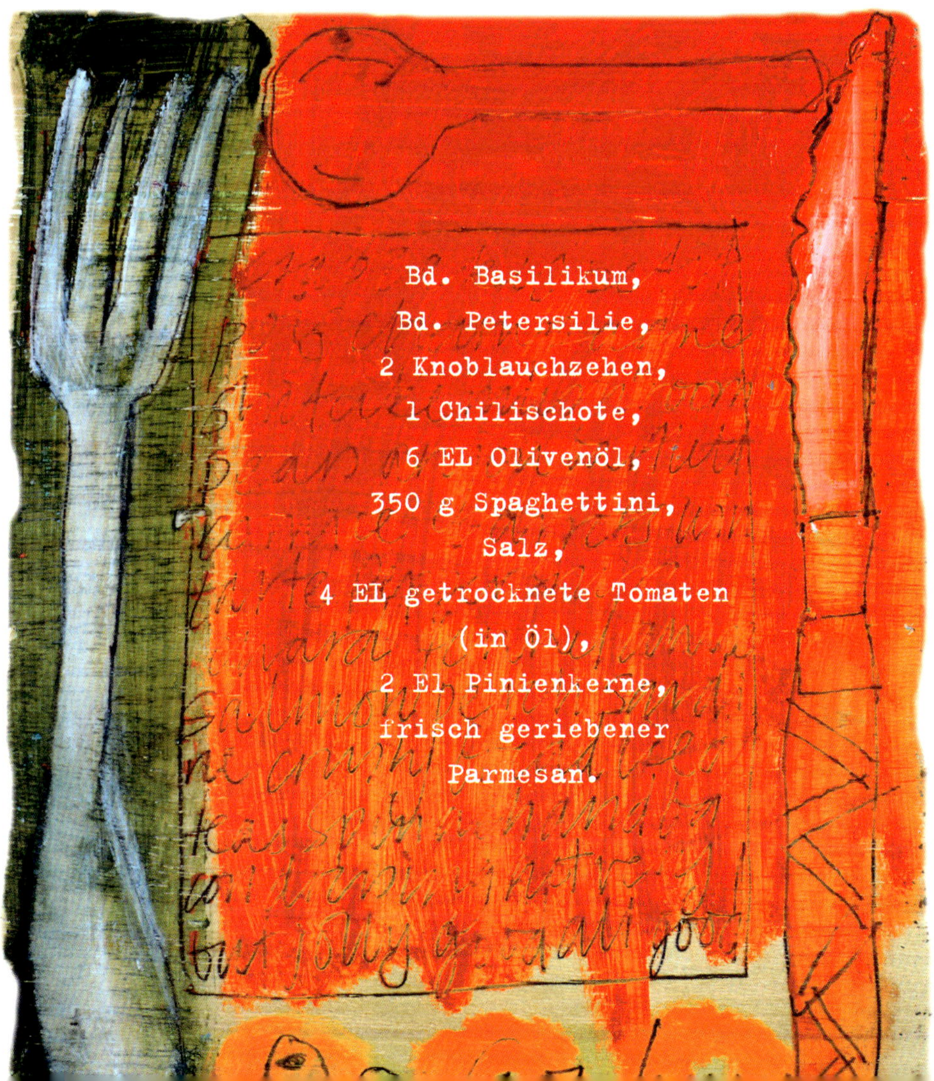

Makkaroni mit Tomaten-Gorgonzola-Sauce

3 Zwiebeln, 30 g Butter, 1 EL Mehl,
1 Pck. Tomatenfruchtfleisch (500 g), 250 g Gorgonzola,
100 ml Sahne, Salz, Pfeffer, 500 g Makkaroni.

Zwiebelwürfel in heißem Fett glasig dünsten und mit Mehl bestäuben. Tomaten zufügen und aufkochen. Grobgewürfelten Gorgonzola zufügen, glattrühren, Sahne zugeben und aufkochen. Abschmecken.
Makkaroni nach Packungsanweisung kochen und mit der Sauce anrichten.

Pasta mit Kräutersauce

500 g Makkaroni, Salz, 200 g gekochter Schinken, 2 Knoblauchzehen, Butter, 2 Bd. Basilikum, 2 Päckchen Kräuter- oder Frühlingsquark (à 200 g), Pfeffer, frisch geriebener Parmesan.

Makkaroni nach Packungsanweisung in Salzwasser kochen. Schinken in Streifen schneiden. Den zerdrückten Knoblauch in Butter andünsten, Schinken, Quark und gehackten Basilikum einrühren. (Pfanne von der Platte nehmen, damit die Sauce nicht ausflockt.)
Mit Salz und Pfeffer abschmecken.

Rind

„Das hat wirklich gut geschmeckt“, sagte Toppe und machte sich an den Abwasch, während Ackermann anfing, die Rezepte, die sie bisher getippt hatten, nach Kapiteln zu ordnen.
„Da kannste ma’ gucken, der gute Pit hat Talente, von denen er selbs’ nix weiß“, brummelte er.
„Ich fass es nicht!“ Astrid hatte ihre E-Mails abgerufen und starrte erstaunt auf den Bildschirm. „Von Klaus“, sagte sie, „ein Rezept für ‚Boeuf bourguignon‘.“
„Van Gemmern?“ Ackermann sprang auf und spähte ihr über die Schulter. „Tatsächlich! Dat der kocht! Aber typisch, nich’ ma’ ’n Briefken dabei. So sind se, de stillen Wasser.“
„Helmut, guck mal“, rief Astrid Toppe heran. „Das sieht gut aus, ziemlich genau so, wie du es immer kochst.“
Ackermann setzte sich wieder, lehnte sich zurück und verschränkte die Hände im Nacken. „Sag ma’, Astrid Schätzeken, stimmt dat eigentlich, dat du mit unserm Gespenst aussem Labor ma’ wat gehabt has’? Oder sprichst du nich’ drüber, wenn dein Gespons dabei is’?“
„Ich spreche überhaupt nicht darüber“, gab Astrid schnippisch zurück, „ob Helmut dabei ist oder nicht.“
„Jetzt reg dich bloß nich’ auf. Damals wars’ du doch noch ’n klein Mädken.
Da kann et doch jedem passieren, dat er schon ma’ mit dem Falschen inne Heia hüpft.“
„Eben.“

Sauerbraten

1 kg Rindfleisch aus der Keule, Senf, Salz, Pfeffer, Fett zum Braten, Stärkemehl. Für die Marinade: 1/2 l Rotwein, 1/4 l Weinessig, 1 Lorbeerblatt, 2 ganze Nelken, 6 Pfefferkörner, 2 Karotten, 1 mittelgroße Zwiebel, etwas Senf.

Alle Zutaten für die Marinade in einer Schüssel vermischen und das Fleisch darin zugedeckt drei bis vier Tage ziehen lassen.
Danach gut abtrocknen, mit Senf einreiben und mit Salz und Pfeffer würzen.
In heißem Fett rundherum scharf anbraten und mit Marinade ablöschen.
Ca. zwei Stunden im vorgeheizten Backofen bei 180 Grad garen.
Das Fleisch herausnehmen und die Sauce mit in etwas kaltem Wasser eingerührten Stärkemehl binden.
Beilage: Kartoffelklöße oder Spätzle und Salat.

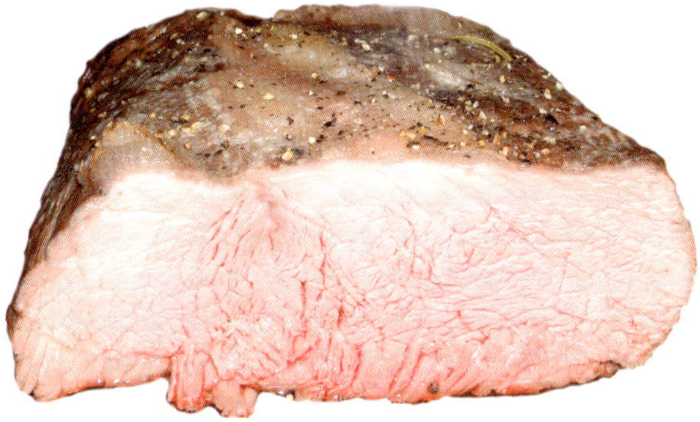

Roastbeef mit Remouladensauce

1,5 kg Roastbeef, Salz, Pfeffer.
Für die Remoulade: 5 Cornichons, je 1/2 Bd. Petersilie und Schnittlauch, 1 hartgekochtes Ei, 350 g Mayonnaise, Salz, Zitronensaft, Pfeffer, etwas Joghurt.

Den Backofen auf 250 Grad gut vorheizen. Das Roastbeef mit Salz und Pfeffer einreiben und auf den Backrost legen (Fettpfanne darunter schieben). 45 Minuten braten, dann aus dem Ofen nehmen und dicht in Alufolie einschlagen, 15 bis 20 Minuten ruhen lassen, dann aufschneiden.
Für die Remoulade alle Zutaten hacken und mit Mayonnaise, Zitronensaft und Joghurt verrühren, mit Salz und Pfeffer würzen.
Beilage: Bratkartoffeln.

Boeuf Bourguignon

1,5 kg Rindfleisch aus der Keule, 3 EL Olivenöl, 1 TL Thymianblättchen, 1/2 Flasche Rotwein (z. B. Burgunder), 2 EL Mehl, 5 EL Öl, 2 Knoblauchzehen, Salz, Pfeffer, 2 Lorbeerblätter, 1 Zweig Rosmarin, 1/2 Bd. Thymian, 500 g Schalotten, 3 Möhren, 100 g geräucherter Schinkenspeck in Würfeln, 400 g braune Champignons, 2 EL Tomatenmark.

Das Fleisch in Stücke schneiden und in eine Schüssel geben, Olivenöl dazugeben, ebenso die Thymianblättchen und den Wein. Drei bis vier Stunden zugedeckt im Kühlschrank marinieren. Dann das Fleisch abtropfen lassen, trockentupfen und hauchdünn mit Mehl bestäuben. Im Öl braun anbraten, zerdrückten Knoblauch, Salz, Pfeffer, Lorbeer, Kräuter und die Marinade zugeben. Zugedeckt bei kleiner Hitze 30 Minuten schmoren. Schalotten und Möhren putzen, die Möhren in lange schräge Scheiben schneiden und zum Fleisch geben. Eine Stunde weiterschmoren. Dann den Speck kross braten und mit dem Tomatenmark und den geputzten Pilzen dazu geben und weitere 15 Minuten schmoren. Mit Salz abschmecken.

Beilage: Baguette.

Pittige gehaktballen met pindasaus

Scharfe Hackfleischbällchen mit Erdnusssauce

500 g Rinderhackfleisch, 1 Ei, 4 EL Paniermehl,
2 EL Tomatenketchup, 4 TL Sambal oelek, Salz, Pfeffer,
30 g Butter, 1 Zwiebel (gehackt), 1 Schuss Kokosmilch,
2 bis 3 EL Erdnussbutter (Pindakaas).

In einer Schüssel das Gehackte mit dem Ei, dem Paniermehl, der Hälfte des Ketchups, der Hälfte vom Sambal, Salz und Pfeffer vermengen.
Zu Fleischbällchen von Tischtennisballgröße formen und in der Pfanne bei mittlerer Hitze ca. zehn Minuten rundum braun braten. In den letzten zwei Minuten die Zwiebel mit bräunen. Die Kokosmilch hinzufügen und zum Kochen bringen. Dann Erdnussbutter, den restlichen Sambal und Ketchup unterrühren.

Gulasch auf griechische Art

750 g Rindergulasch, 750 g Schalotten oder kleine Zwiebeln, 5 EL Olivenöl, 2 Knoblauchzehen, 2 Lorbeerblätter, 2 EL Tomatenmark, 1/2 TL Zimt, 1 EL Rotweinessig, 125 ml Fleischbrühe, 250 ml Rotwein, Salz, Pfeffer.

Gulasch salzen und pfeffern, Schalotten schälen, Knoblauch fein hacken. Das Fleisch im Bräter portionsweise scharf anbraten. Lorbeer, Tomatenmark, Zimt und Knoblauch hinzufügen. Mit Rotweinessig ablöschen und kurz einkochen lassen. Die Brühe angießen und bei milder Hitze 60 Minuten schmoren lassen. Dann die ganzen Schalotten und den Rotwein dazugeben und weitere 45 Minuten köcheln lassen.

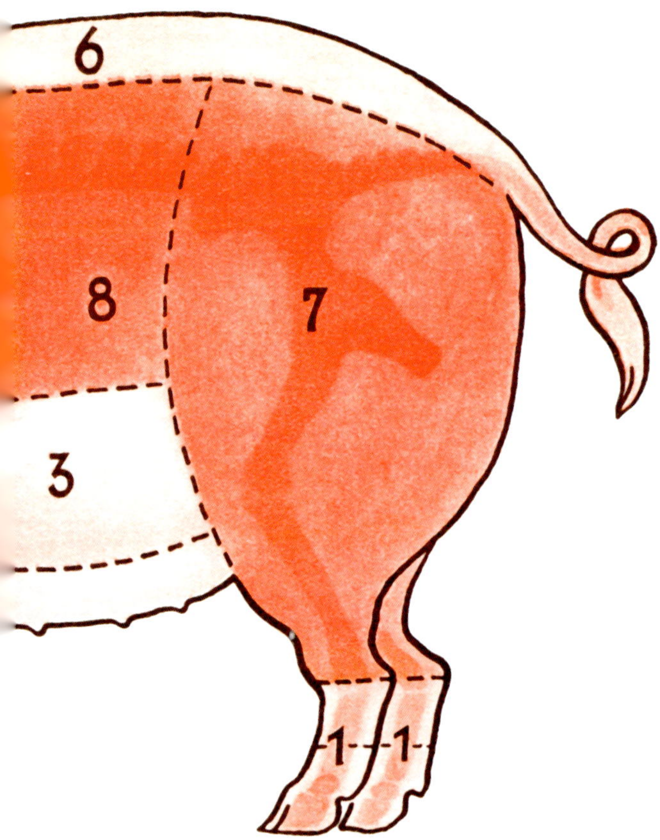
6
8
7
3
1
1

Schwein

„Oh Gott“, stöhnte Astrid, „‚Schwein auf Sahnezucchini‘, daran darf ich gar nicht denken!“
„Wieso?“, wunderte sich Ackermann, „dat hört sich doch lecker an.“
„Ist es auch, aber ich weiß noch genau, wann ich das zum ersten Mal kochen musste. Ich hab Blut und Wasser geschwitzt. Das war damals, als die Chefin Helmut vom Dienst suspendiert hatte. Meine Güte, was war ich da noch für ein Kind! Ich hatte mir gedacht, ich lade sie zu uns zum Essen ein und mache ein bisschen auf Schönwetter. Helmut wollte kochen, weil ich …, na ja, ich konnte es damals noch nicht so gut. Ihm ging es in diesen Monaten ziemlich schlecht. Weißt du noch?“
„Ja“, erinnerte sich Ackermann, „dat war ’ne ganz schlimme Zeit für euch, für uns alle eigentlich.“
„Jedenfalls lief Helmut jeden Tag stundenlang spazieren und hat dabei oft die Zeit vergessen. So auch an dem denkwürdigen Tag. Mann, war ich sauer! Es wurde immer später, und ich stand da mit diesem kleinen Zettel, auf dem sich Helmut das Rezept notiert hatte. Und du kennst ja seine Handschrift. Irgendwann hab ich mich ins kalte Wasser gestürzt und einfach angefangen. Was blieb mir anderes übrig?“
„Un’, is’ et gelungen?“
Astrid lächelte. „Doch, war gar nicht schlecht. Zu wenig Salz, den Fehler macht man ja schon mal leicht als Anfänger. Aber das hat Helmut noch behoben, als er schließlich doch noch nach Hause kam.“
„Un’ hat et dann geklappt mit dem Schönwetter?“
„Ach was!“ Astrid pustete sich eine Haarsträhne aus dem Gesicht. „Du weißt doch, wie die Chefin war. Die hatte jedes Gespräch jederzeit im Griff. Wir haben über Bücher gesprochen und sind irgendwann bei Lyrik gelandet. Und ich hab gesagt, dass ich die Gedichte von Rilke mag, jedenfalls die paar, die ich damals kannte. Und damit war der Abend gelaufen. Die Meinhard war die Fachfrau für Rilke und konnte unzählige von seinen Gedichten auswendig. Sie und Helmut haben sich dann ewig in Gedichtinterpretationen ergangen. Na ja, vielleicht war es ja doch Schönwetter …“

Scharfes Schweinefilet

600 g Schweinefilet, 3 Kugeln Mozzarella, Harissa oder eine andere scharfe Gewürzpaste, Salz.

Backofen auf 200 Grad vorheizen. Das Filet in Scheiben schneiden und in der Pfanne von beiden Seiten anbraten, leicht salzen. Das Fleisch in eine Auflaufform geben und jede Scheibe mit Gewürzpaste bestreichen. Den Mozzarella in Scheiben schneiden und das Fleisch damit bedecken. Im Ofen 30 bis 40 Minuten überbacken.
Beilagen: Bratkartoffeln und gebratene Streifen einer roten Paprikaschote (mischen).

Schweinefilet auf Sahne-Zucchini

600 g Schweinefilet, 1/4 l Sahne, 150 g Crème fraîche, 500 g Zucchini, 50 g Parmesan, 1 Bd. Basilikum, Salz, Pfeffer, 1 Knoblauchzehe, Saucenbinder, Butterschmalz.

Die Sahne und die Crème fraîche in einem breiten Topf ca. acht Minuten einkochen lassen. Inzwischen die Zucchini quer in dünne Scheiben schneiden, den Parmesan fein raffeln und das Basilikum hacken. Die eingekochte Sahne mit Salz, Pfeffer und gepresstem Knoblauch würzen, aufkochen lassen und leicht binden.

Das Filet in Scheiben schneiden, salzen und pfeffern und von jeder Seite ca. eine Minute scharf anbraten. Dann die Zucchini in einer Pfanne rundum braten, salzen und pfeffern, die eingekochte Sahne und das Basilikum untermischen. Auf vier ofenfeste Portionsschalen verteilen. Filet auf die Sahne-Zucchini setzen und mit Parmesan bestreuen.

Im vorgeheizten Backofen bei 200 Grad auf der zweiten Leiste von oben zehn Minuten überbacken. Dann für zwei bis drei Minuten unter dem Grill bräunen.

Italienischer Schweinebraten

3 TL Salz, Pfeffer, 3 EL Olivenöl, 2 Knoblauchzehen, 1,5 kg Schweinerücken mit Schwarte, 1 Bd. Suppengrün, 1 kg Tomaten.

Salz, Pfeffer, Öl und zerdrückten Knoblauch mischen und den Braten damit bestreichen. Das Suppengrün putzen und würfeln und in der Fettpfanne des Backofens verteilen, einen Liter Wasser dazugießen und die Fettpfanne auf der untersten Schiene in den Backofen schieben. Den Ofen auf 200 Grad schalten. Den Braten mit der Schwarte nach unten auf ein Rost legen und über der Fettpfanne einschieben. 60 Minuten braten. Dann das Fleisch herausnehmen und die Schwarte rautenförmig einschneiden. Wieder in den Ofen geben, diesmal mit der Schwarte nach oben. Den Ofen auf 180 Grad zurückschalten und das Fleisch weitere 60 Minuten braten. Die Tomaten auf der Oberseite kreuzförmig einschneiden und für die letzten 30 Minuten in die Fettpfanne legen. Das Fleisch vor dem Schneiden zehn Minuten im ausgeschalteten Backofen ruhen lassen. Mit den Tomaten und dem Gemüsesud servieren.

Szegediner Gulasch

750 g Schweinegulasch, 250 g Zwiebeln, 4 EL Öl,
1 EL Paprikapulver, Salz, Pfeffer, 1 TL Kümmel (ganz),
1 l Fleischbrühe, 500 g Sauerkraut, 200 g saure Sahne.

Zwiebeln würfeln und in Öl goldgelb dünsten. Paprika unterrühren und sofort mit einer Tasse Wasser ablöschen. Fleisch, Salz, Pfeffer und Kümmel dazugeben und 45 Minuten schmoren, ab und zu Brühe nachgießen. Dann das Sauerkraut hinzufügen und weitere 25 Minuten garen. Zum Schluss die saure Sahne unterrühren.

Lamm

„Mit Lamm musste mir nich' kommen", wehrte sich Ackermann. „Wie ich noch klein war, hatten wir immer Schafe bei uns hinterm Haus. Für mich schmeckt dat Fleisch genau so wie die Böcke riechen. Ba!"
„Ach komm, das stimmt doch gar nicht!", schmunzelte Astrid.
„Nich'? Kochst du oft Lamm?"
„Eigentlich nicht so oft", gab Astrid zu.
„Siehste! Un' wenn de wissen wills', wat ich mein', dann geh ma' innen Streichelzoo im Tiergarten."
„Da sind doch nur Ziegen!", rief Astrid und kicherte.
„Ziegen, Schafe, dat es vör min all dat eigeste. 'tschuldigung: Das ist für mich alles dasselbe. Wat is' jetz'? Lassen wer dat Kapitel einfach raus?"
„Nein", entschied Astrid, „Arend macht eine wirklich köstliche Lammkeule."
„Na, dann los", scheuchte Ackermann sie auf. „Dann soll der gute Arend die köstliche Keule ma' rausrücken. Is' der eigentlich wieder besser drauf?"
„Arend ist eigentlich nie wirklich schlecht drauf, er hatte letzte Woche einfach nur einen schlimmen Tag gehabt."

Lammkeule

1 Lammkeule mit Knochen (etwa 2 kg). Marinade:
3 Zweige Rosmarin, 4 Stengel Thymian, 1 Knoblauchzehe,
2 EL scharfer Senf, 2 EL Honig, 4 EL Olivenöl, Salz,
Pfeffer. 2 Möhren, 2 Zwiebeln, 1 Fenchelknolle,
4 Stengel Thymian, 400 ml Lammfond, 100 ml trockener
Wermut.

Die Lammkeule abspülen und mit Küchenkrepp trockentupfen.
Für die Marinade: Rosmarinnadeln und Thymianblättchen von den Stengeln zupfen und hacken, Knoblauchzehe abziehen und ebenfalls hacken.
Senf, Honig, Olivenöl, Rosmarin, Thymian und Knoblauch verrühren.
Mit Salz und Pfeffer würzen. Die Lammkeule mit der Marinade bestreichen und abgedeckt über Nacht kalt stellen.
Die Lammkeule eine Stunde vor dem Braten aus dem Kühlschrank nehmen.
Den Backofen auf 240 Grad (Umluft 220 Grad) vorheizen. Möhren, Zwiebeln und Fenchelknolle putzen und in dicke Scheiben schneiden.
Die Lammkeule salzen, in die Fettpfanne des Backofens legen und 25 Minuten braten. Das Gemüse, Thymian, den heißen Fond und den Wermut dazugeben.
Den Backofen auf 100 Grad (Umluft 80 Grad) zurückschalten und etwa vier Stunden ganz sanft braten.
Den Bratensud mit Salz und Pfeffer abschmecken.
Beilage: Röstkartoffeln.

Lammkeule mit Zimt

1 kg Lammkeule (ohne Knochen), 1 Zweig Rosmarin,
3 – 4 Knoblauchzehen, 1 – 2 TL Zimt, 1 EL Olivenöl,
Salz, Pfeffer, 1 Glas Rotwein.

Das Lamm mit Salz, Pfeffer und Zimt einreiben und in einer Pfanne in Olivenöl von allen Seiten scharf anbraten. Anschließend das Fleisch mit dem Rosmarin und den ganzen, geschälten Knoblauchzehen in einen Bräter legen und im auf 200 Grad vorgeheizten Backofen 45 Minuten garen. Vor dem Servieren in Alufolie wickeln und fünf Minuten ruhen lassen.
Den Bratensud mit Rotwein aufkochen lassen und mit Salz und Pfeffer würzen.

Provenzalisch

.ammkoteletts

1,5 kg Lammkoteletts, 2 EL frischer Rosmarin (gehackt), 1 EL frischer Thymian, 1 El Majoran, abgeriebene Schale von 1 Zitrone (unbehandelt), 2 feingehackte Knoblauchzehen, 3 EL Öl, Salz und Pfeffer.

Alle Zutaten mischen und die Koteletts über Nacht darin marinieren.
In der Pfanne braten oder auf den Holzkohlegrill legen.

Lammragout

1 kg Lamm (Schulter oder Keule), 5 EL Öl, je 1 EL Thymian, Rosmarin, zerkleinertes Lorbeerblatt, 500 g Möhren, 500 g Staudensellerie, 3 Stangen Porree, 1 Tasse Fleischbrühe, 3 Knoblauchzehen, 100 g schwarze Oliven, Saft einer Zitrone, Salz, Pfeffer.

Das Lamm in Stücke schneiden und im Öl rundherum scharf anbraten, Salz, Pfeffer, Oliven und Kräuter hinzufügen. Mit der Fleischbrühe auffüllen und 60 Minuten köcheln lassen. In der Zwischenzeit das Gemüse putzen und klein schneiden, zum Fleisch geben und weitere 20 Minuten garen.
Mit Zitronensaft abschmecken.

rosemary
dill
cilantro

Geflügel und Wild

„Wir haben eigentlich genug Geflügelgerichte“, stellte Astrid fest, „aber mir fällt gerade etwas ein …“

„Walters Abschiedsessen!“ Ackermann wusste sofort, woran sie dachte. „‚Hähnchen in Bohnenkrautsahne‘. Wie wer uns da alle in dem kleinen Esszimmer um ’en Tisch gequetscht haben. Un’ wie lang ham wer auf dat Essen gewartet? Zwei Stunden?“

Ihr früherer Kollege Walter Heinrichs war schon seit einigen Jahren in Frührente. Sein schwaches Herz und das aufreibende Leben als später Vater von fünf Kindern hatten ihren Tribut gefordert. Im KK 11 vermissten sie ihn immer noch.

„Bloß weil er seine Blagen immer mitkochen gelassen hat, sogar wenn Gäste da waren. Meins’ du, die haben echt alle fünf mitgeholfen?“

„Karen war damals erst zwei oder drei, aber so wie ich Walter kenne, hat er bestimmt auch für sie eine Beschäftigung gefunden.“

„Is’ ja auch egal. Dat Rezept muss in ’t Buch, schon wegen Walter. Un’ super geschmeckt hat et auch.“

Hähnchenbrust in Bohnenkrautsahne

700 g Hähnchenbrust, 1 EL Mehl, Öl,
1/8 l Fleischbrühe, 1 TL getrocknetes Bohnenkraut,
200 ml Schlagsahne, Pfeffer, Salz.

Das Fleisch in Würfel schneiden und mit Mehl bestäuben, dann in heißem Öl braten und warm stellen. Die Brühe in die Pfanne gießen und den Bratensatz loskochen. Das Bohnenkraut hinzufügen und die Flüssigkeit in der offenen Pfanne bis auf zwei Esslöffel einkochen lassen. Dann die Sahne und das Fleisch hinzufügen. Nachwürzen und eventuell leicht andicken. Beilagen: Bratkartoffeln und grüne Bohnen.

Sateh

Je 300 g Hähnchenbrustfilet und Rinderhüfte,
150 g Bacon, 5 EL Sojasauce, 1 Messerspitze Sambal,
3 EL Öl. Erdnusssauce: 5 EL Weißweinessig,
3 EL Zucker, 1/2 TL Salz, 2 geh. EL Erdnusscreme,
1 EL Sojasauce, 1 EL Tomatenmark, 1 TL Sesamsaat.

Fleisch in dünne, drei Zentimeter breite, zehn Zentimeter lange Streifen schneiden, Bacon in gleich großen Scheiben. Je eine Fleischscheibe auf einen Speckstreifen legen und zieharmonikaartig auf Schaschlickspieße stecken. Sojasauce und Sambal verrühren, Fleisch damit bestreichen. Zugedeckt im Kühlschrank mindestens eine Stunde ziehen lassen.
Für die Sauce: Essig, fünf Esslöffel Wasser, Zucker und Salz aufkochen und abkühlen lassen. Erdnusscreme, Sojasauce, Tomatenmark und Essigwasser verrühren. Fleischspieße abtropfen lassen. Öl in einer großen Pfanne erhitzen und Spieße von jeder Seite etwa zwei bis drei Minuten braten. Sesamsaat anrösten und über die Sauce streuen.
Beilagen: Lauchzwiebeln in Ringe geschnitten, Reis.

Indisches Hähnchen

2 Brathähnchen à 800 g, Salz, Pfeffer, Öl,
1 Zwiebel, 1 Stange Porree, 1 Apfel, 2 Knoblauchzehen,
3 TL Currypulver, 1 EL Edelsüß-Paprikapulver,
1/4 TL Chilipulver, 1 TL Tomatenmark, 3/8 l Weißwein,
2 EL Sojasauce, 1 TL Essig, 1 Fleischbrühwürfel,
2 EL gehackte Mandeln.

Das Hähnchen zerteilen. Zwiebel schälen und fein hacken, Porree putzen und in Scheiben schneiden, den Apfel schälen und in kleine Stücke schneiden, die Knoblauchzehen durchpressen. Wein mit Sojasauce, Tomatenmark, Essig, Brühwürfel und den Gewürzen mischen.
Die Hähnchenteile in eine ofenfeste Form geben, mit dem Gemüse bedecken und der Weinmischung begießen.
Bei 250 Grad 90 Minuten im Backofen schmoren.
Sollte das Fleisch zu stark bräunen, die Form mit Alufolie abdecken.
Beilagen: Reis und in Scheiben geschnittene Bananen, Kokosraspel und Mangochutney.

Sahnehähnchen

1 großes Hähnchen, Salz, Pfeffer, 1 EL Paprikapulver, 1 Knoblauchzehe (püriert), 1 Bd. Thymian, 30 g Butter, 200 ml trockener Wermut, 1 Fleischtomate (350 g), 150 ml Sahne.

Hähnchen waschen, trocknen und zerteilen. Fleisch salzen und pfeffern, mit Paprika und Knoblauch einreiben. Thymianblättchen von den Stielen zupfen, Stiele zusammenbinden.

Butter im Bräter zerlassen. Fleisch darin anbraten. Thymianblättchen und -stiele zugeben. Wermut angießen. Bräter auf den Boden im vorgeheizten Backofen (225 Grad) setzen und Hähnchen zehn Minuten schmoren.

Inzwischen die Tomate häuten, würfeln und zum Hähnchen geben. 30 Minuten schmoren, ab und zu mit Bratfond beschöpfen.

Temperatur auf 250 Grad hochschalten und den Bräter auf die zweite Leiste von oben stellen.

Sahne zugießen. Hähnchen weitere 15 Minuten bräunen.

Rehragout

600 g Rehfleisch aus der Keule, 6 EL Öl,
2 EL Tomatenmark, 3/8 l Rotwein, 1 Knoblauchzehe,
350 g Tomaten, 100 g kleine Zwiebeln,
je 60 g Porree-, Möhren- und Staudenselleriewürfel,
Schale von 1 unbehandelten Orange, 2 Zweige Thymian,
4 Salbeiblätter, 400 ml Wildfond, Salz, Pfeffer,
etwas gehackte Petersilie.

Das Fleisch in zwei Zentimeter große Würfel schneiden. Öl im Topf erhitzen und das Fleisch darin scharf anbraten. Das Tomatenmark einrühren, kurz mitkochen und mit dem Rotwein ablöschen. 30 Minuten schmoren lassen. Den Knoblauch hacken und die Tomaten in kleine Würfel schneiden, die Zwiebeln schälen und alles zusammen mit dem vorbereiteten Gemüse, der Orangenschale und den Kräutern zum Fleisch geben. Den Fond angießen, salzen und pfeffern. Zugedeckt weitere 90 Minuten unter gelegentlichem Umrühren auf kleiner Hitze garen. Mit der Petersilie bestreut servieren.

1 kg Wildschweinschulter ohne Knochen, 40 ml Öl, 1 1/2 EL Mehl, 1/4 l Wildfond, Salz, Pfeffer, 1 Msp. Ingwerpulver, 5 zerdrückte Pimentkörner.
Für die Beize: 100 g Möhren, 150 g Zwiebeln, 60 g Knollensellerie, 1 TL weiße Pfefferkörner, 4 zerdrückte Wacholderbeeren, 2 cl Wacholderschnaps, 1 l Rotwein.

Das Fleisch in drei Zentimeter große Würfel schneiden, das Gemüse putzen und ebenfalls würfeln. Fleisch und Gemüse in eine große Form geben, Pfefferkörner und Wacholderbeeren zufügen und alles mit dem Wacholderschnaps und dem Rotwein übergießen. Über Nacht durchziehen lassen. Das Fleisch aus der Beize nehmen und trockentupfen. Die Beize durch ein Sieb gießen und auffangen, das Gemüse gut abtropfen lassen. Das Fleisch in heißem Öl unter ständigem Rühren gleichmäßig scharf anbraten, das Gemüse hinzufügen und Farbe annehmen lassen. Beides mit Mehl bestäuben. Den Wildfond und ein Viertel Liter Beize angießen und das Ragout bei mittlerer Hitze 50 Minuten schmoren. Danach das Fleisch herausnehmen und die Schmorflüssigkeit erneut durch ein Sieb gießen und auffangen. Die Sauce durch ein engmaschiges Sieb passieren und mit Salz, Pfeffer, Ingwerpulver und Piment würzen. Das Fleisch darin wieder erhitzen.

Wildschweinragout

Geschmortes Kaninchen

1 Kaninchen von ca. 1 1/2 kg (vom Metzger zerlegen lassen), 1/2 TL Salz, Pfeffer, 1 EL Mehl,
80 g Schalotten, 2 Knoblauchzehen, je 50 g Staudensellerie und Möhren, 50 g Frühlingszwiebeln,
4 EL Olivenöl, 1/8 l Weißwein, 1/2 TL gestoßene Pimentkörner, je 1 Msp. Ingwerpulver und geriebene Muskatnuss, 1/2 TL gestoßener Koriander,
3/8 l Wildfond, 10 schwarze entsteinte und halbierte Oliven, 1 EL gehackte glatte Petersilie,
1/2 TL feingehackte Rosmarinnadeln, 1 EL feingehackter Thymian, 1 TL feingehackter Oregano.

Die Kaninchenteile von möglichen Häuten befreien, salzen, pfeffern und leicht mit Mehl bestäuben. Die Möhre, den Sellerie, den Knoblauch, die Frühlingszwiebeln und die Schalotten in feine Würfel schneiden.
Das Fleisch in Öl von allen Seiten scharf anbraten und wieder aus der Pfanne nehmen. Das Gemüse (ohne Knoblauch) in der Pfanne anschwitzen. Das Fleisch wieder hinzugeben, den Knoblauch beifügen und mit dem Wein ablöschen. Die Gewürze über das Fleisch streuen und alles für 20 Minuten im auf 200 Grad vorgeheizten Backofen schmoren.
Etwas vom Fond angießen und die Oliven und Kräuter hinzufügen. Noch einmal 20 Minuten garen lassen, dabei, wenn nötig, weiteren Fond hinzugießen.

Fisch und Schalentiere

Mail von Penny Small aus Worcester:

Liebe Astrid,
Peter hat mir von eurem Projekt erzählt, und ich sehe euch schon alle grinsen, dass ich mir einbilde, ich könnte auch einen Beitrag leisten. Jeder scheint ja zu wissen, dass die englische Küche die schlechteste der Welt ist.
Vielleicht kann ich dazu beitragen, dieses Vorurteil endlich einmal auszuräumen.
Als erstes natürlich unser angebliches Nationalgericht: Fish 'n Chips (Peter hat's geschmeckt).
Und außerdem ein paar klassische Nachtischrezepte, die ich wirklich gut finde, und die vielleicht, zumindest in Kleve, eine Lanze für die Küche auf unserem ‚crazy little island' brechen können.
Schade, dass wir kaum Zeit hatten, einander besser kennenzulernen. Aber wenn alles gut geht, was meine Arbeitserlaubnis in Deutschland angeht, und ich dann auch noch einen passenden Job finde, können wir das bald nachholen. Peter sucht schon eine größere Wohnung.
Ich bin schrecklich verliebt – sehr unbritisch, das zuzugeben, aber vielleicht ist es das deutsche Blut in mir – und freue mich auf alles.

Love
Penny

Fish ’n Chips

Fritierter Fisch mit Pommes frites

4 Kabeljaufilets, nicht zu dick (oder Schellfisch), Saft von 1/2 Zitrone, Pfeffer, Mehl, Pflanzenöl. Für den Teig: 225 g Mehl, Salz, 1 TL Backpulver, 300 ml Wasser. Für die Pommes frites: 1 kg Kartoffel Fritierfett, Salz.

Den Fisch waschen und mit Küchenpapier trocknen. Pfeffern, mit Zitronensaft beträufeln und dünn mit Mehl bestäuben. Den Teig aus den Zutaten anrühren. In einer tiefen Bratpfanne reichlich Pflanzenöl (zweieinhalb Zentimeter hoch) erhitzen. Den Fisch durch den Teig ziehen und drei Minuten von jeder Seite fritieren. Auf Küchenpapier abtropfen lassen.

Für die Pommes frites die Kartoffeln schälen, waschen und in Stifte schneiden. Diese in ein Küchentuch geben und einige Minuten darin trocknen. Danach in vier Portionen in der Friteuse bei 140 bis 160 Grad fünf Minuten hellgelb ausbacken. Nun – am besten mit einem Schaumlöffel – die Kartoffelstifte aus dem Fett nehmen und auf Küchenpapier abtropfen lassen. Jetzt müssen die Pommes frites einige Minuten ruhen. Vor dem Servieren noch mal für knapp fünf Minuten in die nun 190 bis 200 Grad heiße Friteuse geben.

Vor dem Anrichten gut abtropfen, dann salzen.

Zander in Rieslingsauce mit Sauerkraut

4 Zanderfilets
von je 200 g,
2 EL Zitronensaft,
50 g durchwachsener
Speck, 20 g Butter,
1/8 l Riesling, Salz,
1/8 l Wasser,
1 EL Speisestärke,
1/8 l Sahne, 1 Eigelb.

Zanderfilets abspülen und trockentupfen. Auf eine Platte legen und beide Seiten mit Zitronensaft beträufeln.
Speck würfeln. In einer Pfanne auslassen. Butter darin erhitzen. Die abgetupften Fischfilets darin auf jeder Seite drei Minuten hellbraun braten. Mit dem Riesling begießen. Zugedeckt sieben Minuten dünsten. Filets aus der Pfanne nehmen, salzen und auf einer vorgewärmten Platte zugedeckt warmstellen.
Wasser und Speisestärke in einer Tasse glattrühren. In den Fischfond rühren. Einmal aufkochen. Sahne und Eigelb mit etwas Sauce verquirlen und in die Sauce rühren. Bis kurz vor dem Kochen erhitzen. Topf vom Herd nehmen und Sauce mit Salz abschmecken.
Beilage: Sauerkraut und Salzkartoffeln.

Matjes nach Hausfrauenart

8 Matjesfilets, 300 g Vollmilchjoghurt, 300 g Crème fraîche, 1 EL Zitronensaft, Salz, Pfeffer, Zucker, 2 Äpfel, 4 Zwiebeln.

Den Joghurt mit Crème fraîche verrühren, mit Zitronensaft, Salz, Pfeffer und Zucker abschmecken. Die Äpfel schälen, achteln, die Kerngehäuse entfernen. Die Apfelachtel in dünne Scheiben schneiden, unter die Joghurtmasse heben. Die Zwiebeln pellen, vierteln und in dünne Scheiben schneiden. Unter den Joghurt geben. Die Sauce durchziehen lassen und nochmals abschmecken.
Mit den Matjes servieren.
Dazu passen Pellkartoffeln.

Mouclade (Moules à la marinière)

2 kg Miesmuscheln, 1 El Öl, 1 Zwiebel, 1 El scharfer Senf, 5 Lorbeerblätter, 1 TL weißer Pfeffer, Estragon, 1 großes Glas trockener Weißwein, 125 g Butter.

Muscheln gründlich putzen.
In einem großen Kochtopf die gewürfelte Zwiebel in Öl anrösten und die Muscheln dazugeben. Danach Senf, Lorbeerblätter, Pfeffer, Estragon und Wein hinzugeben. Alles unter Rühren köcheln lassen, bis die Muscheln sich öffnen. Den Topf vom Feuer nehmen und die Butter hinzufügen. Rühren und heiß servieren.

Gebratene grüne Heringe

200 g Tomaten, 1 Bd. glatte Petersilie,
1 Bd. Schnittlauch, 125 ml Mayonnaise, 100 g saure
Sahne, Salz, Pfeffer, Zucker, 8 frische Heringe,
50 g Mehl, 4 EL Öl.

Die Tomaten waschen, vierteln, entkernen, das Fruchtfleisch fein würfeln. Die Petersilie und den Schnittlauch waschen und trockenschütteln. Die Petersilie hacken, den Schnittlauch in Röllchen schneiden. Die Mayonnaise mit saurer Sahne verrühren, mit Salz, Pfeffer und einer Prise Zucker würzen, Kräuter und Tomaten untermischen.

Die Heringe waschen und trocknen, innen und außen salzen, in Mehl wenden, überschüssiges Mehl abklopfen.

Die Heringe im heißen Öl bei mittlerer Hitze von jeder Seite drei bis vier Minuten braten. Mit der Mayonnaise servieren.

Dazu passen Pellkartoffeln.

RIPPINGILLE'S

Eintöpfe und Aufläufe

Ackermann schloss seinen Wagen ab und schlenderte, fröhlich vor sich hin pfeifend, auf das Präsidium zu – das Kochbuch war so gut wie fertig, und morgen kam Guusje endlich wieder nach Hause.

„Morgen, Jupp!“, tönte es von hinten. Ackermann drehte sich um und blinzelte, das war doch ... „Bernie“, rief er, „wat machst du denn hier? Hatteste Sehnsucht nach uns?“

Bernie Schnittges, der Kollege aus Krefeld, der auch in der ‚Soko Schwanenburg‘ gewesen war, grinste. „So könnte man es ausdrücken. Ich habe gleich einen Termin bei eurem Chef.“

„Bei Helmut?“, fragte Ackermann verblüfft. Im Präsidium passierten selten Dinge, von denen er nichts wusste. „Warum dat denn?“

„Na ja“, antwortete Schnittges, „mir ist nach Tapetenwechsel. Die Großstadt geht mir auf die Nerven, und bei euch hat's mir gut gefallen, das Klima unter den Kollegen und überhaupt... “„Super!“, strahlte Ackermann. „Wenn dat klappt, dat wär’ doch Klasse. Haste noch Zeit für ’n Kaffee?“ Bernie Schnittges schaute auf die Uhr. „Zwanzig Minuten hätte ich noch.“

„Na, dann komm doch mit in mein Büro.“ Ackermann öffnete die Haustür und rief den Kollegen auf der Wache einen Gruß zu. Dann blieb er plötzlich stehen und wandte sich um.

„Sag mal, Bernie, kanns’ du eigentlich kochen?“

„Was?“ Schnittges zog die Stirn kraus.

„Nix wat! Kanns’ du oder kanns’ du nich’?“

„Sicher kann ich kochen. Meine Mutter hat Wert darauf gelegt, dass alle ihre Kinder kochen können, auch wir Jungs.“ „Prima!“, freute sich Ackermann, und während sie die Treppe hinauf zu seinem Büro gingen, erklärte er Bernie ihr Kochbuchprojekt.

„Das finde ich eine tolle Idee“, nickte Schnittges. „Einfache Rezepte, lass mich mal überlegen ...-+ Wie wäre es mit ‚Himmel und Erde‘?“ „Genial!“ Ackermann schob ihm einen Stuhl hin.

„Kanns’ du dat aus ’em Kopp?“

„Was sonst? Gib mir mal einen Zettel.“

Ackermann nahm einen Block aus seiner Schreibtischlade. „Ich geh uns ebkes Kaffee holen.“

Er kam mit zwei dampfenden Bechern zurück. „Sag ma’, kennst du ‚Endivien unternander‘?“

Schnittges schaute auf und lächelte versonnen. „‚Endivien döreen‘, kochte meine Großmutter wie keine zweite. Da müssen ordentlich Speckkröffkes dran.“

„Un’ en tüchtigen Schuss Essig“, bestätigte Ackermann.

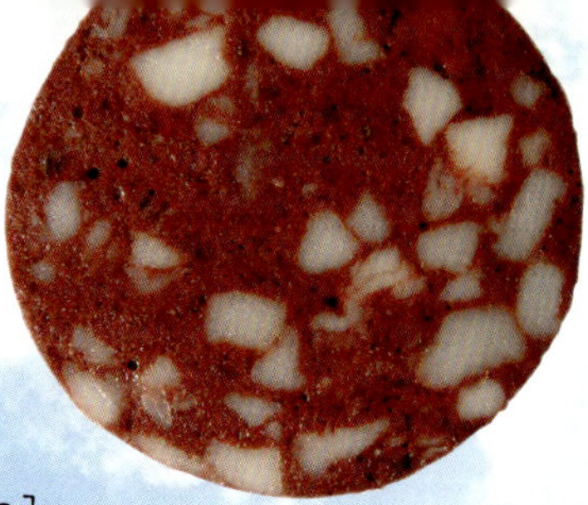

Himmel und Erde

1 kg Kartoffeln, Salz, 800 g Äpfel (Boskop), 1 EL Zitronensaft, 1 EL Zucker, 1 Prise Zimtpulver, 2 Zwiebeln, 60 g durchwachsener Räucherspeck, 400 g Blutwurst, 2 EL Butterschmalz, 200 ml heiße Milch, 2 EL Butter, Pfeffer.

Die Kartoffeln schälen, waschen und grob würfeln. In Salzwasser zugedeckt in 20 Minuten gar kochen.
In der Zwischenzeit die Äpfel vierteln, schälen und die Kerngehäuse entfernen. Äpfel in Spalten schneiden und mit Zitronensaft, Zucker, Zimt und drei Esslöffeln Wasser zugedeckt bei mittlerer Hitze acht Minuten dünsten.
Die Zwiebeln schälen und in Ringe schneiden. Den Speck klein würfeln.
Die Blutwurst in zwei Zentimeter dicke Scheiben schneiden.
Das Butterschmalz in einer großen Pfanne erhitzen, den Speck darin knusprig ausbraten. Zwiebelringe mit anbräunen. Alles zur Seite schieben, in dem Bratfett die Blutwurst von beiden Seiten je eine Minute braten.
Die gegarten Kartoffeln abgießen und ausdämpfen lassen. Die Kartoffeln zerstampfen, die Milch dazugießen und die Butter unterrühren. Zwei Drittel der Äpfel zerdrücken und unter das Kartoffelpüree mischen.
Den Kartoffel-Apfel-Brei portionsweise auf Teller verteilen.
Jeweils seitlich die restlichen ganzen Apfelspalten und die Blutwurst anrichten.
Speck und Zwiebeln mit dem Bratfett auf dem Kartoffel-Apfel-Brei verteilen.
Alles mit Pfeffer überstreuen und sofort servieren.

Endivien untereinander

1 Endiviensalat, 1 kg Kartoffeln, 2 Zwiebeln,
Salz, Pfeffer, 1/4 l Sahne, 1/4 l Milch, Essig,
200 g durchwachsener Speck in Würfeln.

Die Kartoffeln kochen und nach dem Garen mit Milch und Sahne feinstampfen.
Mit Salz, Pfeffer und Essig würzen.
Den Salat in sehr feine Streifen schneiden, waschen und gut abtropfen lassen oder in der Salatschleuder trocknen.
Den Salat kurz vor dem Servieren unter die Stampfkartoffeln mischen und das Gericht abschmecken (Essig!).
Die Zwiebeln in etwas Fett rösten und ebenfalls unterheben.
Die Speckwürfel kross braten und über das Gericht geben.
Beilage: Spiegelei.

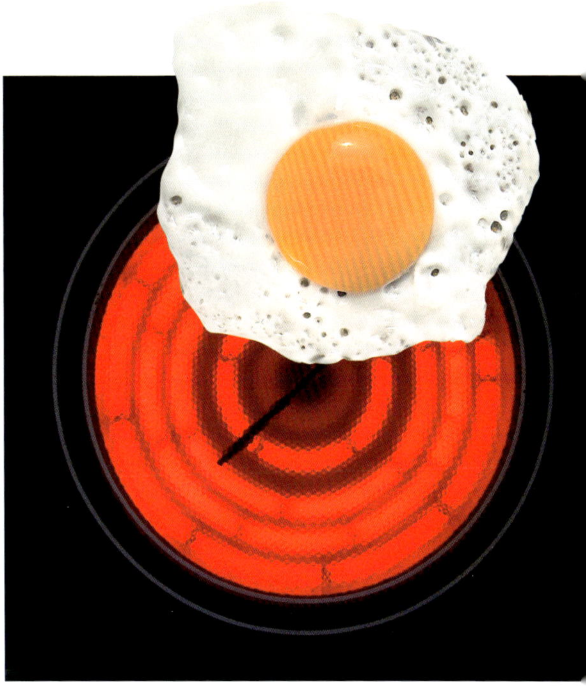

Scharfes Kartoffelgemüse

700 g festkochende Kartoffeln, 2 kleine Auberginen (etwa 400 g), 1 rote Paprikaschote, 2 Zwiebeln, 3 Knoblauchzehen, 2 grüne Chilischoten, 500 g Tomaten, 150 ml Olivenöl, Salz, 1 TL Paprikapulver, 1/2 TL gem. Kreuzkümmel, Pfeffer, 1/8 l Gemüsefond, 3 Zweige frische Minze, 1 EL Zitronensaft, 150 g Joghurt.

Die Kartoffeln schälen, waschen und in dünne Scheiben schneiden. Die Auberginen waschen, längs vierteln und quer in etwa einen Zentimeter dicke Scheiben teilen. Die Paprikaschote waschen, halbieren, putzen und in feine Streifen, die Zwiebeln schälen und in feine Ringe schneiden. Die Knoblauchzehen schälen, Chilischoten putzen, entkernen, waschen und klein würfeln. Stielansätze der Tomaten entfernen, Tomaten kurz überbrühen, häuten und kleinhacken.
In einer großen, schweren Pfanne das Olivenöl erhitzen, die Kartoffeln und Auberginen darin nacheinander bei starker Hitze je fünf Minuten goldgelb braten. Mit einem Schaumlöffel herausheben, auf Küchenkrepp abtropfen lassen. Salzen. Das Öl bis auf zwei Esslöffel abgießen, darin die Zwiebeln und Paprikastreifen drei Minuten bei mittlerer Hitze dünsten. Paprikapulver, Kreuzkümmel, zerdrückten Knoblauch, Chilischoten, einen halben Teelöffel Salz und Pfeffer hinzufügen und eine Minute anrösten. Tomaten und Gemüsefond unterrühren, fünf Minuten köcheln lassen.
Die Kartoffeln und Auberginen in einem breiten Schmortopf mit der Zwiebel-Tomaten-Mischung verrühren. Den Deckel auflegen und alles bei schwacher Hitze zehn Minuten leise köcheln lassen. Die Minze abspülen, trockenschütteln und grob hacken. Mit dem Zitronensaft zum Schluss dazugeben. Noch eine Minute kochen lassen, mit Salz und Pfeffer abschmecken. Mit dem glattgerührten Joghurt servieren.
Beilage: Gebratene Lammkoteletts.

FOR SPICY FOOD
CHA·CHA·CHA
CHILI
SAUCE
PIQUANT
It's excellent served with tortillas chips mexican beans and all the vegetables.
APPETIZING
and digestiv merit
WARRANTED
GENUINE

Mozzarella-Kartoffeln

Kartoffeln schälen und in dünne Scheiben schneiden. In der Butter 25 Minuten braten. Mozzarella in Scheiben und die Kräuter fein schneiden. Joghurt mit Ei und zerdrücktem Knoblauch verrühren, salzen und pfeffern.

Die Kartoffeln und den Mozzarella schuppenförmig in eine gefettete Auflaufform geben, mit der Joghurtmasse übergießen und mit den Kräutern bestreuen.

Im vorgeheizten Backofen bei 250 Grad 20 Minuten überbacken.

Beilage: Tomatensalat.

Zucchini-Auflauf

1 Gemüsezwiebel, 750 g Hackfleisch, Öl,
200 g Schmelzkäse, 1 kl. Dose Tomaten,
2 EL Tomatenmark, Salz, Pfeffer, 3 TL getrockneter
Oregano, 4 Zucchini (750 g), Butter, 20 g Mehl,
1/8 l Brühe, 1/8 l Milch, 100 g mittelalter Gouda
in Scheiben.

Gewürfelte Zwiebel mit dem Hackfleisch anbraten. Tomaten, Tomatenmark und Gewürze hinzugeben. Zucchini längs in Scheiben schneiden.
Butter schmelzen, Mehl dazugeben, dann die Brühe und die Milch einrühren und den Schmelzkäse in der Sauce auflösen. Abschmecken.
Eine gefettete Auflaufform mit der Hälfte der Zucchinischeiben auslegen. Das Hack darauf geben, mit der Käsesauce übergießen und die restlichen Zucchini darauf schichten. Mit den in Streifen geschnittenen Goudascheiben belegen.
Im vorgeheizten Backofen bei 200 Grad ca. 30 Minuten garen.

Currybeef mit Spinat

2 Zwiebeln, 50 g Butter, 500 g Rindergehacktes,
4 TL Curry, 1/4 l Sahne, 1/8 l Brühe,
300 g TK-Blattspinat, 100 g Rosinen, 2 EL Mango-Chutney, Pfeffer.

Das Hackfleisch anbraten, die Zwiebelwürfel hinzufügen und glasig braten, Curry hinzufügen. Die Sahne und die Brühe angießen und aufkochen. Dann den gefrorenen Spinat, die Rosinen und das Mango-Chutney dazu geben. Alles bei mittlerer Hitze in der geschlossenen Pfanne ca. 15 Minuten schmoren lassen. Zwischendurch umrühren. Pfeffern.
Beilage: Reis.

Blattspinat
in Portionen, erntefrisch tiefgefroren
450 g ℮

Gemüse und Beilagen

„Es ist ganz gut geworden, unser Kochbuch, findest du nicht?“ Astrid schlüpfte unter die Decke. „Am Montag bringe ich die Blätter zum Binden weg.“
Toppe klopfte sein Kopfkissen zurecht. „Eigentlich schade, dass nur Norbert und Ulli was davon haben“, meinte er und knipste das Licht aus. „Hast du dein feines Béchamelkartoffelrezept noch aufgeschrieben?“
„Hab ich.“
Er nahm sie in den Arm. „Stammt das Rezept eigentlich von deiner Mutter?“
„Von meiner Mutter?“ Astrid lachte. „Meine Mutter kann nicht mal ein Ei kochen. Wir hatten immer eine Haushälterin. Nein, das hat mir meine Omi beigebracht, die Mutter meines Vaters. Die andere Oma ist eine arrogante Zicke. Der war ich als Kind immer nur lästig.“ Sie drehte sich auf den Rücken. „Meine Mutter hatte mit Omi nichts am Hut, bei der war es ihr nicht fein genug. Aber wenn mein Vater auf Geschäftsreise nach Asien musste und meine Mutter fand, das ließe sich doch gleich mit einem schönen Urlaub verbinden, dann haben sie mich für zwei, manchmal drei Wochen bei Omi gelassen. Und die musste mich ja irgendwie beschäftigen.“
Toppe hörte das Lächeln in ihrer Stimme und zog sie enger an sich.
„Sie hat mit mir Kuchen und Plätzchen gebacken, mir gezeigt, wie man Pfannkuchen macht“, fuhr sie fort, „und irgendwann wollte ich wissen, wie man die Béchamelkartoffeln kocht, die es bei ihr immer gab.“ Sie kicherte. „Mein Gott, hatte die Frau eine Engelsgeduld! Ich meine, das Gericht ist ziemlich kompliziert, und du weißt, wie lange es dauert, bis es fertig ist. Ich kann nicht älter als neun oder zehn gewesen sein, aber sie hat es mir tatsächlich beigebracht.“
„Und das war gut so“, murmelte er und küsste sie, und dann vergaßen sie für eine lange Weile die Großmutter, die Béchamelkartoffeln und alle anderen Rezepte.

Überbackener Fenchel

4 Fenchelknollen, Salz, 1 Zitrone, 40 g Butter, 40 g Mehl, 1/2 l Milch, 150 g geriebener Gouda, Pfeffer, Zucker, 200 g gekochter Schinken.

Fenchelknollen putzen, längs halbieren und in Salzwasser mit dem Saft der Zitrone 15 Minuten kochen. In einer Pfanne die Butter schmelzen, das Mehl hinzugeben und goldgelb anschwitzen. Unter ständigem Rühren die Milch dazugeben, dann den Käse in der Sauce auflösen. Mit Salz, Zucker und Pfeffer abschmecken. Abgetropften Fenchel mit dem in Streifen geschnittenen gekochten Schinken in eine gefettete Auflaufform geben und mit der Sauce übergießen.

Im vorgeheizten Backofen bei 200 Grad 20 Minuten backen.

Gebratene Auberginen

2 große Auberginen, 6 EL Öl, 2 Zwiebeln, 350 g Tartar, 1 kl. Dose Tomatenmark, 2 EL gehackte Petersilie, 2 Knoblauchzehen, 1 TL Salz, Zitronen-Pfeffer, geriebener Parmesan.

Auberginen der Länge nach in Scheiben schneiden. In Öl von beiden Seiten braun braten, bis sie weich sind. Auf Küchenkrepp abtropfen lassen. Die Zwiebelwürfel im restlichen Öl leicht bräunen, Tartar hinzufügen und fünf Minuten braten.
Tomatenmark, Petersilie, zerdrückten Knoblauch, Salz und Pfeffer unterrühren.
Die Auberginenscheiben in eine feuerfeste Form geben, mit der Fleischmasse bedecken und mit Parmesan bestreuen.
Im vorgeheizten Backofen bei 200 Grad zehn Minuten überbacken.
Beilage: Tomatenreis.

Bohnen mit Knoblauchsahne

2 kg grüne Bohnen, Salz, 400 g Crème fraîche,
1/4 l Sahne, 3 Knoblauchzehen, Pfeffer,
2 TL Zitronensaft, 1 Pr. Zucker, 1 Bd. Bohnenkraut.

Die Bohnen ca. 20 Minuten in Salzwasser kochen. Währenddessen Crème fraîche und Sahne in einem Topf auf die Hälfte reduzieren. Dann zerdrückten Knoblauch, Salz, Pfeffer, Zitronensaft und Zucker unterrühren. Die abgetropften Bohnen darin heiß werden lassen. Zum Schluss das Bohnenkraut dazugeben.
Beilage: Neue Kartoffeln und Katenschinken.

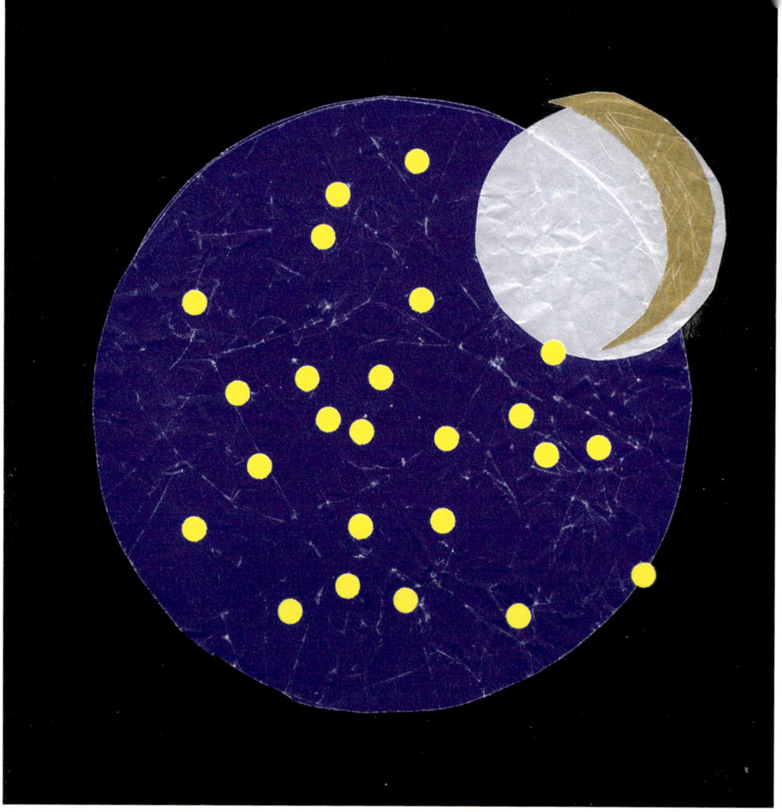

Mushy Peas (Erbsenpüree)

6 Personen

350 g gelbe Erbsen, über Nacht eingeweicht,
1 kl. geschälte Kartoffel, 1 kl. Zwiebel,
1 Knoblauchzehe, je 1 Zweig Rosmarin, Thymian,
Salbei und 1 Lorbeerblatt (zusammengebunden),
2 Gewürznelken, 30 g Butter, Salz, Pfeffer.

Die eingeweichten Erbsen abspülen. Kartoffel, Zwiebel, Knoblauch, Kräuter und Nelken dazugeben und mit kaltem Wasser bedecken. Zum Kochen bringen und ca. eineinhalb Stunden bei kleiner Hitze köcheln, bis die Erbsen weich sind. Dann abgießen und die Kräuter und die Nelken entfernen. Butter, Salz und Pfeffer hinzufügen und gründlich stampfen.
In der „klassischen" englischen Küche lässt man die Kräuter weg, und zur Not kann man auch tiefgefrorene Erbsen verwenden. Schmeckt aber nicht so gut.

Béchamelkartoffeln

1 kg kleine festkochende Kartoffeln, 1 Zwiebel,
1 Lorbeerblatt, 2 Gewürznelken, 1 Knoblauchzehe,
3/4 l Milch, 250 ml Sahne, 60 g Butter, 40 g Mehl,
Salz, Pfeffer, 1 Msp. Cayennepfeffer,
1 EL Zitronensaft, 1 Bd. Schnittlauch.

Die Kartoffeln waschen und in einen Topf geben. Wasser angießen und die Kartoffeln bei mittlerer Hitze 25–30 Minuten garen. Die Zwiebel schälen und mit den Gewürznelken und dem Lorbeerblatt spicken. Den Knoblauch schälen. Die Milch mit der Sahne in einen Topf geben und erhitzen. Die Butter in einer Kasserolle schmelzen, das Mehl dazugeben und unter Rühren goldgelb andünsten. Die heiße Sahnemischung langsam dazugießen und aufkochen lassen. Dabei mit dem Schneebesen kräftig schlagen. Die Sauce mit Salz und Pfeffer würzen und den Knoblauch dazupressen. Die gespickte Zwiebel in die Sauce legen und zugedeckt bei schwacher Hitze 25–30 Minuten köcheln lassen, ab und zu umrühren. Die Kartoffeln pellen und in Scheiben schneiden. Die Béchamelsauce durch ein Sieb in einen breiten Topf gießen. Die Kartoffeln in die Sauce geben und bei schwacher Hitze zehn Minuten erwärmen. Mit Salz, Pfeffer, Cayennepfeffer und Zitronensaft abschmecken. Den Schnittlauch waschen, in feine Röllchen schneiden und unter die Kartoffeln mischen.
Passt gut zu gedünstetem Lachsfilet oder Räucherlachs.

Möhren mit Basilikumsahne

750 g Möhren, 2 EL Butter, Salz, Pfeffer,
3/8 l Fleischbrühe, 300 g Crème fraîche,
4 cl trockener Sherry, 3 Bd. Basilikum.

Die Möhren waschen und schälen. Kleinere Exemplare ganz lassen, große längs vierteln. Die Butter in einem breiten Topf erhitzen, die Möhren zufügen, mit Salz und Pfeffer würzen und mit der Fleischbrühe aufgießen. Zugedeckt bei mittlerer Hitze 25 Minuten garen. Mit einem Schaumlöffel herausnehmen und warm stellen. Die Crème fraîche und den Sherry zufügen, durchrühren und um ein Drittel einkochen lassen. Abschmecken. Fein geschnittene Basilikumblättchen unterrühren. Die Möhren mit der Sauce servieren.
Schmeckt gut zu Frikadellen.

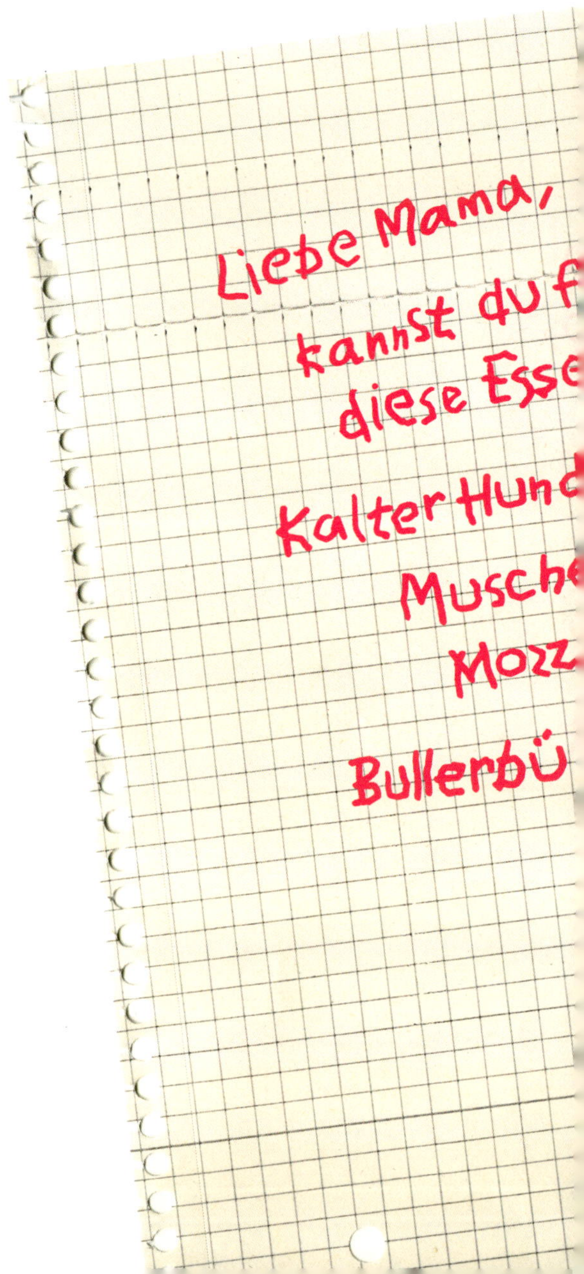
Liebe Mama,
kannst du f
diese Esse
Kalter Hund
Musche
Mozz
Bullerbü

Desserts

Astrid fand den Zettel auf ihrem Kopfkissen, als sie die Betten machen wollte:

Apple Crumble

900 g Äpfel (z.B. Boskop),
75 g Rosinen, 25 g brauner Zucker,
1 gestr. TL Zimt, 1/2 TL Nelken,
2 TL Wasser. Für den Crumble (die Streusel):
110 g Mehl, 110 g Haferflocken, 75 g weiche Butter,
100 g brauner Zucker, 1 Prise Salz.

Die Äpfel schälen, entkernen und in Scheiben schneiden. Zusammen mit den Rosinen, dem Zucker und den Gewürzen in einen Topf geben und das Wasser hinzufügen. Leise kochen, bis die Äpfel weich sind. Die Masse in eine ofenfeste Form geben.
Dann Mehl und Haferflocken in eine Schüssel geben, die Butter hinzufügen und alles vorsichtig mit den Fingerspitzen vermischen, so dass Krümel entstehen. Den Zucker und das Salz dazugeben und mit zerkrümeln. Den Crumble über die Apfelmasse geben. In den auf 180 Grad vorgeheizten Ofen schieben und 30 bis 40 Minuten backen.

THE KING OF THE BEAT
THE
YESTERDAY
SERGANT PEPPER'S LONLEY HEARTH CLUB BAND
TWIST AND SHOUT
DAY TRIPPER
HELP
KEEP OF DANGER
LOVE PAUL
YELLOW SUBMARINE
RUBBER SOUL
TICKET TO RIDE
YEAH! YEAH!
BEATLES
REVOLER
PENNY LANE
UMLEITUNG
STOP
MICHELLE
GIRL

Bratäpfel

4 große Boskop-Äpfel, 12 Stücke Würfelzucker, 30 g Mandelblättchen, 30 g Sultaninen, 4 TL Himbeerkonfitüre, 1 EL Rum, 2 EL Butter, Zimt, Zucker.

Die Kerngehäuse der Äpfel ausstechen und je ein Stück Würfelzucker hineinstecken. Mandeln mit Sultaninen, Konfitüre und Rum mischen.
Die Äpfel mit der Masse füllen. Je zwei Zuckerstücke oben drauf geben.
Mit etwas Zimtzucker bestreuen.
Backofen auf 200 g vorheizen.
Eine Auflaufform mit Butter ausfetten und die Äpfel hineinsetzen und die übrige Butter in Flöckchen darüber geben.
Auf der mittleren Einschubleiste etwa 30 Minuten backen.

Bread and Butter-Pudding

1 Vanilleschote, 1/4 l Milch, 1/4 Crème double,
3 Eier, 150 g Zucker, Salz, 20 g Rosinen,
1/8 l Weinbrand, 1 Baguettebrötchen, 50 g Butter,
200 g Aprikosenkonfitüre.

Das Mark aus der Vanilleschote kratzen. Milch und Crème double verrühren und mit dem Vanillemark und der Schote zum Kochen bringen.
Eier mit 100 g Zucker und einer Prise Salz verrühren und die heiße Vanillemilch langsam dazugeben.
Rosinen in Weinbrand einweichen. Das Brötchen in dünne Scheiben schneiden. Eine flache ofenfeste Form fetten. Die Brötchenscheiben mit Butter bestreichen und den Boden der Form damit auslegen. Die Rosinen darüber streuen (Weinbrand aufbewahren!) und mit der Eiermilch übergießen.
Die Saftpfanne im auf 175 Grad vorgeheizten Backofen auf die zweite Leiste von oben schieben und mit heißem Wasser füllen.
Die Form hineinstellen und 35 Minuten garen.
Die Aprikosenkonfitüre mit dem Weinbrand glatt rühren und den gebackenen Auflauf damit glasieren.

Englischer Schokoladenpudding

100 g bittere Schokolade, 100 g Butter, 100 g Zucker, 4 Eier, 3 EL Whisky, 60 g Mehl, 1 TL Backpulver, 75 g gemahlene Haselnüsse, Butter für die Form, 40 g Semmelbrösel, 1 EL gemahlene Mandeln.

Schokolade im Wasserbad schmelzen. Butter und 50 g Zucker mit den Quirlen des Handrührgerätes schlagen. Die flüssige Schokolade, Eigelb und Whisky zugeben und glattrühren.
Eiweiß und 50 g Zucker zu Schnee schlagen. Eischnee, Mehl, Backpulver, Semmelbrösel und Nüsse zur Buttermischung geben und unterrühren.
Eine Puddingform (eineinhalb Liter) fetten, mit Mandeln ausstreuen und die Schokomasse einfüllen.
Die Form verschließen (evtl. mit Frischhaltefolie) und in einen großen Topf stellen. Den Topf bis zwei Zentimter unter dem Rand der Form mit Wasser füllen und bei kleiner Hitze 70 Minuten kochen lassen.
Dazu: Leicht angeschlagene, gezuckerte Sahne.

Schokoladen-Kirsch-Törtchen 6 Stück

Butter und Zucker für die Förmchen, 100 g bittere Schokolade (mind. 60% Kakaoanteil), 100 g Butter, 50 g Amarenakirschen, 3 Eier (Gr. M), 150 g Zucker, 4 TL Amarenasirup, Salz, 40 g Mehl.

Sechs ofenfeste Förmchen (à 100 Milliliter Inhalt) mit reichlich Butter ausfetten und mit Zucker ausstreuen. Bis zur Verwendung ins Gefrierfach stellen.
Schokolade hacken und mit der Butter im Wasserbad langsam schmelzen.
Kirschen hacken. Eier mit Zucker, dem Sirup und einer Prise Salz schaumig rühren. Schokolade darunterheben, ebenso das Mehl und die gehackten Kirschen. Auf die Förmchen verteilen.
Im vorgeheizten Backofen bei 210 Grad 15 Minuten auf der zweiten Schiene von unten backen.
Aus den Förmchen lösen und mit Puderzucker bestreuen.

Bullerbü-Zimtwecken

500 g Mehl, 25 g frische Hefe, 1/4 l lauwarme Milch, 1/2 TL Salz, 75 g Zucker, 1 TL gem. Kardamom, 75 g Butterflöckchen, 1 Ei.
Für die Füllung: 40 g Butter, 50 g Zucker, 1 Pck. Vanillezucker, 1 El Zimt.

Das Mehl in eine Schüssel sieben und in der Mitte eine Mulde hineindrücken. Die Hefe in der Milch auflösen und in die Mulde gießen. Salz, Zucker, Kardamom und die Butterflöckchen auf dem Rand verteilen und alles zu einem Teig verarbeiten. 30 Minuten an einem warmen Ort gehen lassen.
Für die Füllung alle Zutaten vermengen.
Den Teig in drei Teile teilen. Jedes Teil zu einem Rechteck ausrollen und mit der Füllung bestreichen. Die Rechtecke von der Längsseite her aufrollen und in Stücke von vier Zentimetern Dicke schneiden. Mit der Schnittseite auf ein gefettetes Backblech setzten. Nochmals 20 Minuten gehen lassen. Mit dem verquirlten Ei bestreichen und im vorgeheizten Backofen bei 250 Grad fünf bis acht Minuten backen.

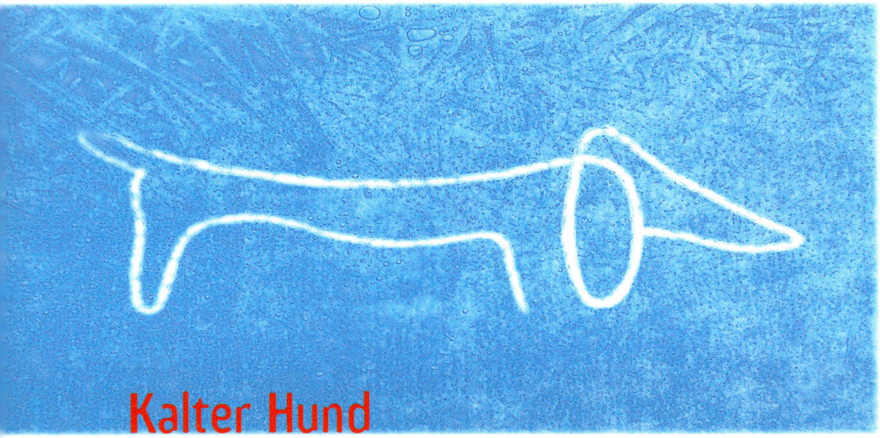

Kalter Hund

300 g Kokosfett, 2 Eier, 100 g Zucker,
50 g Kakaopulver, 4 EL Milch, 600 g weiße Kuvertüre,
60 g gemahlene Mandeln, 1 Pck. Vanillezucker,
400 g Butterkekse.

250 Gramm Kokosfett bei milder Hitze schmelzen. Eier und Zucker mit den Quirlen des Handrührers etwa sechs bis acht Minuten schaumig schlagen.

Den Kakao mit der Milch verrühren und dazugießen. Lauwarmes Kokosfett unterrühren. Restliches Kokosfett mit der weißen Kuvertüre bei milder Hitze im Wasserbad schmelzen. Mandeln und Vanillezucker unterrühren. Von der weißen Schokocrème 100 Milliliter zum Garnieren beiseite stellen.

Eine Kastenform (26 Zentimeter) mit Backpapier auslegen. Den Boden mit etwas dunkler Schokocrème bestreichen, mit Butterkeksen belegen und mit etwas weißer Schokocrème bestreichen. Den Vorgang so oft wiederholen, bis die Kekse und die Schokocrème aufgebraucht sind.

Die Kastenform mit einem Teller beschweren und mindestens vier Stunden, besser über Nacht, kaltstellen. Den Kuchen auf eine Platte stürzen, das Papier abziehen und mit der restlichen weißen Schokocrème glattstreichen.

Basilikum-Eis

500 g Vanille-Eis,
250 ml Sahne,
Puderzucker,
2 Bund Basilikum.

Basilikum waschen,
trockentupfen,
mit der Sahne und
dem Puderzucker
pürieren und aufschlagen.
Das Eis in kleine Stücke
teilen und in eine
Schüssel geben.
Die Basilikummasse
mit dem Eis vermengen
und tiefkühlen.
Dazu passen frische Früchte,
besonders Erdbeeren
oder Himbeeren.

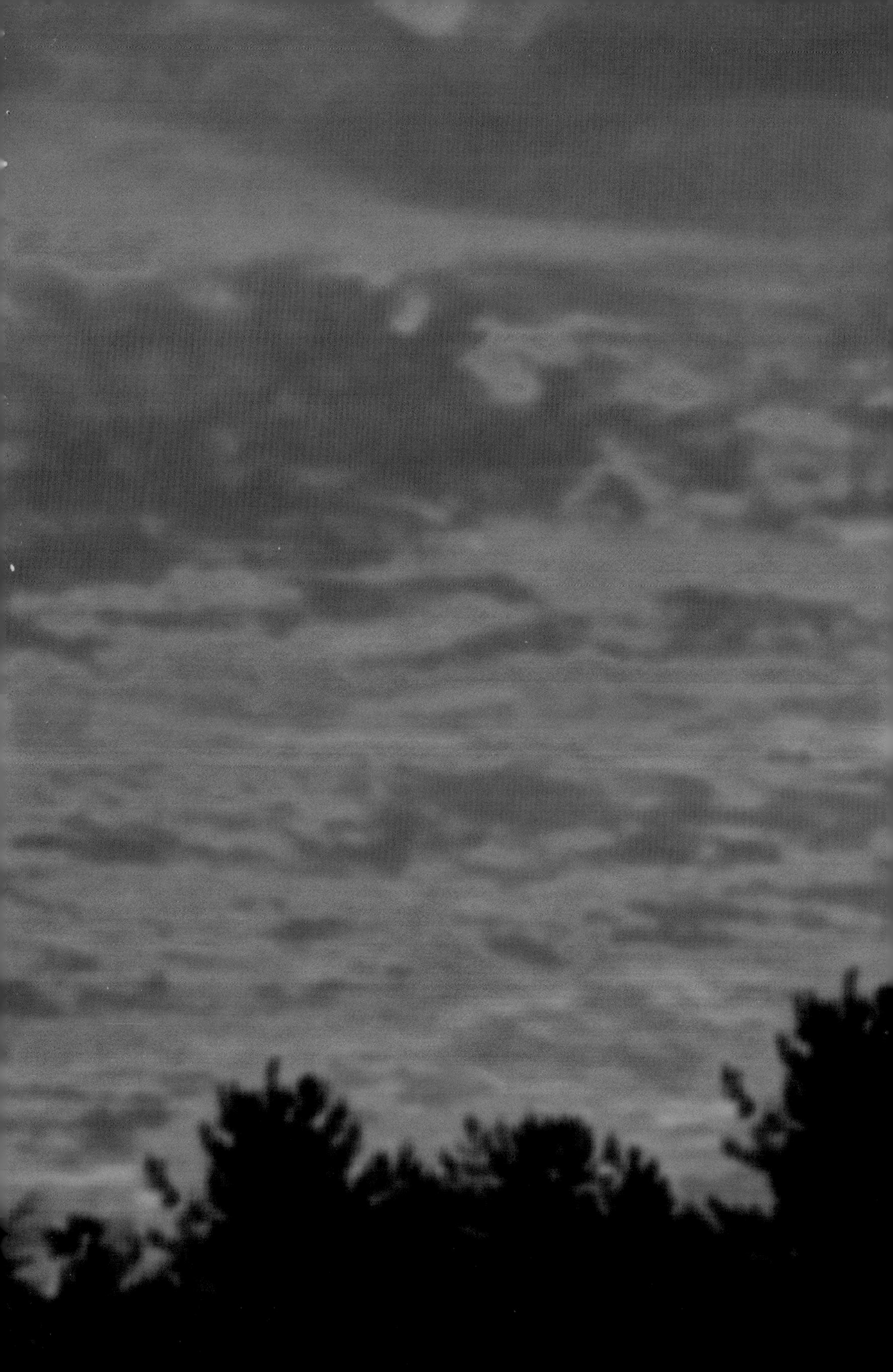